Umschlagmotiv: Landschaft auf Bornhholm

Herausgeber:	Polyglott-Redaktion
Autor:	Hans Klüche
Lektorat:	Emmelie Haarhoff
Bildredaktion:	Nicole Häusler
Art Direction:	Illustration & Graphik Forster GmbH, Hamburg
Karten und Pläne:	Huber. Kartographie nach Entwürfen von Christiane Reiß
Titeldesign-Konzept:	V. Barl

Wir danken dem Dänischen Fremdenverkehrsamt in Hamburg
für die uns bereitwillig gewährte Unterstützung.

Ergänzende Anregungen, für die wir jederzeit dankbar sind,
bitten wir zu richten an:
Polyglott-Verlag, Redaktion, Postfach 40 11 20, 80711 München,
E-Mail: redaktion@polyglott.de oder PolyRed@AOL.com.

**Surfen online mit Polyglott: http://www.polyglott.de
und bei AOL unter dem Kennwort „Polyglott".**

Alle Angaben wurden sorgfältig geprüft. Dennoch kann eine Gewähr
für Vollständigkeit und Richtigkeit nicht übernommen werden.

Zeichenerklärung

❶ Information
🛩 Flugverbindungen
🚃 Eisenbahnverbindungen
🚢 Schiffsverbindungen
🕓 Öffnungszeiten
☏ Telefonnummer
📠 Faxnummer
△ Campingplatz
🏨 Hotel
⑤⟩⟩ DZ pro Person ab 325 DKK
(Kopenhagen ab 500 DKK)
⑤⟩ 250–325 DKK
(Kopenhagen 350–500 DKK)
⑤ unter 250 DKK
(Kopenhagen unter 350 DKK)
🍴 Restaurant
⑤⟩⟩ Menü ab 200 DKK
⑤⟩ 70–200 DKK
⑤ ca. 50 DKK

Routenpläne

━①━ Route mit Routenziffer
━━━ Autobahn, Schnellstraße
━━━ sonstige Straßen, Wege
━·━·━ Staatsgrenze, Landesgrenze
━━━ National-, Naturparksgrenze

Stadtpläne

━━━ Durchgangsstraße
━━━ sonstige Straßen
━━━ Fußgängerzone
━━━ Fußweg

Komplett aktualisierte Auflage 1997/98

Redaktionsschluß: Februar 1997
© 1995 by Polyglott-Verlag Dr. Bolte KG, München
Printed in Germany/II.
Gedruckt auf chlorfrei gebleichtem Papier
ISBN 3-493-62714-9

Polyglott-Reiseführer

Dänemark

Hans Klüche

Polyglott-Verlag München

INHALT

Allgemeines

Editorial	S.	7
Vielfalt zwischen den Meeren	S.	8
Geschichte im Überblick	S.	12
Kultur gestern und heute	S.	16
Von Frokost und Øl	S.	19
Urlaub aktiv	S.	20
Das Dach über dem Kopf	S.	22
Reisen nach und in Dänemark	S.	24
Praktische Hinweise von A-Z	S.	92
Register	S.	95
Bildnachweis	S.	96

Städtebeschreibungen

Kopenhagen – Tolerant und liebenswert – die Metropole am Meer   S. 26

„Wonderful, wonderful Copenhagen". Diese Liedzeile wird der charmanten Hauptstadt Dänemarks tatsächlich gerecht, denn Kopenhagen bietet eine seltene Mischung aus Tradition und Avantgarde, aus Entspannung und Erlebnis.

Odense – Zwischen H. C. Andersen-Idylle und moderner Kunst   S. 36

In der sympathischen Hauptstadt der Insel Fünen verschmelzen Geschichte und Gegenwart harmonisch miteinander: wie wäre es nach einem Ausflug in die Kindertage H. C. Andersens mit einem Jazzabend in Brands Klædefabrik?

Aalborg – Akvavit und Dänemarks längste Theke   S. 40

Schon die Wikinger erkannten die ausgezeichnete Lage am Ufer des Limfjord und gründeten hier eine Siedlung. Aus dieser Frühzeit bewahrt die Stadt viele Erinnerungen, und die Aalborger verstehen es, das Leben zu genießen.

Århus – Kopenhagens Konkurrentin   S. 43

Ganz gleich, ob man Konzerte klassischer Musik genießen, sich in der jungen Szene bewegen, Spurensuche in der langen Vergangenheit betreiben oder eine Partie Roulette riskieren möchte: Århus ist die richtige Stadt dafür.

INHALT

Routen

Route 1

Dänemarks Ferienküste S. 48

Immer entlang der Nordseeküste bis hinauf zur äußersten Nordspitze, wo sich zwei Meere treffen. Ein Traum für Wassersportler und Naturbegeisterte!

Route 2

Ostjütland von Grenen zur Grenze S. 53

Sanfter als die Westküste, doch auch hier Wasser soweit das Auge reicht: entweder an der Ostsee oder der Seenplatte im Binnenland.

Route 3

Erfahrenes Grenzland S. 58

Südjütland lockt mit Dünen und Stränden auf der Wattenmeerinsel Rømø, mit bunten Sommerfestivals und viel deutsch-dänischer Vergangenheit.

Route 4

Zu Wikingerkönigen und LEGO-Steinen S. 62

Raus aus der Ferienhausidylle der Westküste quer durchs mittlere Südjütland und ein Blick nach Fanø.

Route 5

Durch das nördliche Mitteljütland S. 66

Vom Himmelbjerg die Aussicht auf die blauen Seen genießen, im Kattegatcenter das Leben unter Wasser kennenlernen und auf Fur der Erdgeschichte nachspüren.

Route 6

Fünens Vielfalt erfahren S. 72

Eine Bilderbuchinsel, reich an kulturellen Sehenswürdigkeiten, sanft und grün und ideal für kurze Ausflüge in die „Dänische Südsee"!

Polyglott **5**

INHALT

Routen

Route 7

**Schnell nach Kopenhagen
oder Seeland entdecken** S. 78

Am schönsten: die gemütliche Küstenrundfahrt zu alten Wikingerschiffen in Roskilde und zum Kunsttempel Louisiana.

Route 8

Inselspringen im Südosten S. 88

Drei Inseln, die nicht nur Durchgangsstationen sein sollten. Blendendweiße Kreideklippen auf Møn oder die Museumsstraße durch Lolland lohnen allemal.

Bornholm

Insel mit Eigenleben S. 90

Sandstrände bis zum Horizont, Altstadtidylle wie aus dem Bilderbuch, Kulturerbe von der Bronzezeit bis zur Moderne: Traumziel Bornholm!

Fremde Kulturen kennenlernen und gastfreundlichen Menschen begegnen – wie sehr genießen wir das auf Reisen. Zu Hause bei uns jedoch wird mancher Ausländer von einer kleinen Minderheit beschimpft, bedroht und sogar mißhandelt. Alle, die in fremden Ländern Gastrecht genossen haben, tragen hier besondere Verantwortung. Deshalb: Lassen Sie es nicht zu, daß Ausländer diffamiert und angegriffen werden. Lassen Sie uns gemeinsam für die Würde des Menschen einstehen.

Verlagsleitung und Mitarbeiter des Polyglott-Verlages

Editorial

Weite und Ruhe – Landschaftsimpressionen von Samsø

Über allem schwebt die legendäre „hygge", jene urdänische Gemütlichkeit, die Fremde immer wieder zu beschreiben versuchen, die aber noch nie richtig beschrieben wurde, weil sie so vielfältig ist wie die Charaktere der Dänen, so abwechslungsreich wie ihr Land, seine Regionen, seine Inseln und seine Städte.

Nicht nur die verschiedenen Landschaftsformen fügen sich zu einem unerwartet kontrastreichen Bild, auch im Wechsel der Jahreszeiten präsentiert sich das Land mit ganz unterschiedlichen Stimmungen, die jede für sich einen eigenen Reiz besitzen.

Natürlich existiert ein Dänemark der verträumten Bilderbuchstädtchen, in denen man jeden Augenblick an der nächsten Ecke die Postkutsche erwartet, aus der Hans Christian Andersen steigen könnte.

Es gibt aber auch das putzmuntere, lebendig-junge Dänemark der großen Sommer-Rockfestivals, der Jazzklubs, der französisch inspirierten Cafés, es gibt das schnellebige, weltoffene Dänemark, in dem Jugendmoden schon wieder alte Hüte sind, ehe sie Mitteleuropa überhaupt erreicht haben. Und die „hygge" entspringt aus einem ungezwungenen, unkomplizierten Lebensstil, der auf gegenseitiger Toleranz beruht und jedem erlaubt, sich so zu verhalten, wie er sich am wohlsten fühlt. Das gilt den Dänen – jedem nach seiner Fasson – als „hyggelig".

Das Dänemarkbild einfach mit Klischees von Postkartenidylle, Meer und weiten Stränden oder Familienferienparadies zu verkleistern, hieße, den Zugang zu einem ungemein facettenreichen, lebendigen und sympathischen Land zu verbauen. Dänemark – ein Land, das jeden ansprechen kann!

Der Autor

Hans Klüche studierte Publizistik, Volkskunde und Skandinavistik in Münster und Kopenhagen. Heute arbeitet er als freier Journalist, Buchautor und Lektor mit dem Schwerpunkt „Reisen im Norden".

Vielfalt zwischen den Meeren

Die Strände scheinen unendlich und sind an manchen Stellen viele hundert Meter breit. Ein mächtiger Dünengürtel trennt sie vom Hinterland. Dort ducken sich im Windschatten der Sandberge Sommerhäuser und liebevoll gepflegte Strandhöfe aus alten Zeiten. Das ist das Dänemark, das die meisten Besucher erleben, denn die Nordseeküste Jütlands ist mit Abstand das beliebteste Urlaubsziel im Lande.

Dänemark bietet aber noch viel mehr: Über 400 Inseln, knapp 100 davon bewohnt. Fast wäre Dänemark ein reiner Inselstaat, hinge nicht Jütland mit 67 km Landgrenze am Norden Deutschlands. Immerhin ist kein Flecken Land weiter als 52 km vom Meer entfernt, und fast 7500 abwechslungsreiche Küstenkilometer sprechen für sich: Wattenmeer und eingedeichtes Marschland in Südjütland, Ausgleichsküste mit Haffs und Nehrungen in Westjütland, tiefe Fjorde und trennende Sunde von Ostjütland bis Seeland, eine „karibische" Inselwelt vor Südfünen, Kreideklippen auf Møn und in Ostseeland, Felsenküste mit mediterranem Flair und skandinavische Schären auf und um Bornholm.

Auch das Land zwischen den Meeren ist vielfältiger, als geographische Maxima erahnen lassen. Die letzte Eiszeit hat die unzähligen Hügel modelliert. Darauf breiten sich Wälder und Heideflächen aus. Meist aber hat der Mensch das Landschaftsbild geprägt: Weiden und Äcker, die im Frühjahr großflächig in Rapsgelb erstrahlen, dazwischen einzelne Höfe oder kleine Dörfer mit weißgetünchten Kirchen. Die meisten Kleinstädte verbinden erfolgreich den Charme alter Fachwerkbauten mit den Bedürfnissen der heutigen Gesellschaft.

Viele geben der Moderne in der Architektur und der Kunst auf Straßen, Plätzen und in Museen Entfaltungsraum.

Die wenigen Großstädte und die alles überstrahlende Metropole Kopenhagen wetteifern mit ihren hervorragenden Museen ebenso wie mit Kulturangeboten und -ereignissen traditioneller und moderner Art – jeder findet etwas für seinen Geschmack.

Die Menschen

Die Dänen gelten als lässig, lustig, gesellig, biertrinkend und freizügig, unter Skandinaviern gar als die Südländer des Nordens, die gern mal fünf gerade sein lassen. Aber das sind Klischees. Die Dänen sind so vielfältigen Charakters wie ihre Heimat: bodenständig, auf dem Lande manchmal zurückhaltend, eigenwillig, manchmal schrullig auf den Inseln, weltoffen, manchmal lärmend und schrill in den Städten.

Viele Besucher lieben jene spezielle dänische Gemütlichkeit, die Hygge. Hier macht sich bemerkbar, daß die Grenze zwischen „privat" und „öffentlich" wohl in keinem anderen Land Europas so verschwommen ist wie in Dänemark – man bewegt sich im ganzen Land, als sei man in den eigenen vier Wänden. Hinzu kommen eine gesunde Mischung aus Traditionsbewußtsein und großer Toleranz gegenüber anderen und neuen Lebensformen sowie ein auffällig ruhiger Alltag: Eile und Hektik sind keine dänischen Wesensarten.

Demoskopisch belegt, fühlen sich die Dänen in ihrer Heimat so wohl, wie kein anderes Volk auf der Erde, und dazu stehen sie auch. Der nicht zu übersehende Nationalstolz, der sich besonders in den allgegenwärtigen Nationalfarben Rot und Weiß dokumentiert, wirkt fast immer liebenswert und nie furchterregend.

Kulturpflege hat einen hohen Stellenwert im privaten wie im öffentlichen Leben. Davon zeugt die für ein solch kleines Land enorm große Zahl von

VIELFALT ZWISCHEN DEN MEEREN

700 offiziellen Museen zur Geschichte, Volkskunde und Kunst ebenso wie die über alle Alters- und Gesellschaftsschichten hinweg verbreitete und gern genutzte Kenntnis des Liedgutes.

Die Sprache

Dänisch hat sich aus dem Ostnordisch des Mittelalters entwickelt. Mit dem Deutschen gibt es gemeinsame Wurzeln im Urgermanischen.

Viele Buchstaben verändern ihren Laut in Kombination, und zahlreiche „flüchtige Laute" werden kaum oder gar nicht gesprochen. Keine Ausspracheprobleme bereiten die Sonderbuchstaben: Æ wird wie Ä, Ø wie Ö, Å/Aa wie ein langes, offenes O gesprochen.

Die Grammatik ist einfach, abgesehen von den unregelmäßigen Verben. Artikel (en und et, im Plural ne) stehen unbestimmt vor dem Substantiv, bestimmt werden sie angehängt: Ein Haus = et hus, das Haus = huset, Häuser = huse, die Häuser = husene.

Klima und Reisezeit

Dänemark liegt in einer Zone gemäßigten Meeresklimas mit Temperaturen, die sich nicht sehr rasch verändern. Schnell und häufig wechselnde Wetterlagen sind – insbesondere im Westen Jütlands – die Regel, Perioden mit konstantem Wetter die Ausnahme. Wind – meist aus westlichen Richtungen – ist typisch für alle Landesteile; oft flaut er zum Abend hin ab. Trotz geringer Gipfelhöhen gibt es unterschiedliche Niederschlagsmengen: in den westlichen Landesteilen regnet es mäßig, in den zentralen stark und in den östlichen gering; im kleinen wiederholt sich dies auf größeren Inseln, vor allem auf Bornholm.

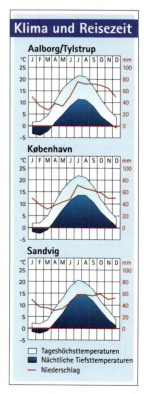

Wirtschaft

Dänemark hat sich nach 1945 von einem Agrarland zu einem modernen Industriestaat gewandelt und ist seit der

Polyglott **9**

VIELFALT ZWISCHEN DEN MEEREN

systematischen Ausbeutung der Bodenschätze unter der Nordsee auch ein Rohstofflieferant. Wichtige Ausfuhrgüter neben Öl und Gas sind Medikamente und biochemische Grundstoffe, Nahrungs- und Genußmittel sowie Möbel. Außerdem gehören dänische Firmen weltweit zu den führenden Produzenten von Windkraftwerken. Land- und Forstwirtschaft sowie die Fischerei sind traditionell wichtige Wirtschaftszweige mit hohem Exportanteil (ca. 25 %), aber z. Zt. krisengeschüttelt. Die meisten Arbeitsplätze bietet der Dienstleistungssektor; dazu zählen auch etwa 100 000 Jobs im Tourismusgewerbe. In der Industrie überwiegen kleine und mittlere Betriebe, Großindustrie gibt es kaum.

Die seit langem hohe Arbeitslosenquote von rund 10 % muß in Relation dazu gesehen werden, daß ein im internationalen Vergleich hoher Prozentsatz der Bevölkerung für den Arbeitsmarkt zur Verfügung steht. Hier macht sich die weitgehend verwirklichte Gleichberechtigung der Frau im täglichen Leben bemerkbar: Ihr Anteil unter allen Erwerbstätigen ist dem der Männer annähernd gleich. Die finanzielle Unterstützung der Arbeitslosen sowie Umschulungs- und Arbeitsplatzbeschaffungsmaßnahmen sind Teile eines sozialen Netzes, das jedem Dänen, der in Not gerät, Hilfe anbietet. Seit den 60er und 70er Jahren vorbildlich in Europa, ist dieses System heute zu einer finanziellen Belastung geworden und mußte schon in einigen Bereichen beschnitten werden. Bei internationalen Vergleichen ist es wichtig, die Steuersätze von über 50 % immer noch in Relation zu den Leistungen zu sehen: In Dänemark decken sie u. a. die Kosten für die Krankenversorgung und die Volksrente sowie für ein breites Kulturangebot auch in der Provinz.

Politik

Dänemark ist eine konstitutionelle Erbmonarchie. Eine bürgerliche Verfassung ist seit 1849 in Kraft, wenn auch mit großen Reformen 1915 und 1953. Die 175 „dänischen" Mitglieder des Einkammer-Parlaments Folketing werden nach einem komplizierten Verhältniswahlrecht gewählt. Bei jeder Folketingwahl müssen auch Grönländer und Färinger an die Urnen und je zwei Vertreter in das Kopenhagener Parlament entsenden.

Seit sich 1973 die Zahl der Folketingsfraktionen auf durchschnittlich 10 verdoppelte, sind die Verhältnisse recht unklar – zwanzig Jahre lang gab es keine Mehrheitskoalition. Vorgezogene Neuwahlen oder Regierungswechsel während einer Legislaturperiode sind eher Regel als Ausnahme.

Staatsoberhaupt ist seit 1972 die populäre Königin Margrethe II. (geb. 1940). Obwohl ihre Aufgaben laut Verfassung nur repräsentativer bzw. formeller Art sind, bezieht sie immer wieder öffentlich deutlich Position, insbesondere zu gesellschaftlichen Problemen. Formal ist die Königin Vorsitzende des Staatsrates und muß alle Gesetze unterschreiben. Bei Regierungswechseln hat sie einen der politischen Führer des Landes zu beauftragen, die Mehrheitsverhältnisse auszuloten und wenn möglich eine Regierung zu bilden. Sie beruft dann den „Staatsminister" und seine Regierung, deren Mitglieder können aber vom Folketing per Mißtrauensvotum gestürzt werden.

Verantwortungsbewußtsein auf internationaler Ebene zeigt Dänemark durch großen Einsatz in der Entwicklungshilfe und starke Präsenz unter der UN-Flagge in den Krisengebieten der Welt. Das Land ist Mitglied in der NATO und in der EU. In Bündnissen gelten die Dänen als zuverlässige, aber kritische Partner: Auf der einen Seite setzt keine Nation so konsequent EU-Direktiven in nationales Recht um, auf der anderen Seite hinterfragt kein Volk so nachhaltig die Zusammenarbeit: Die Dänen fürchten in der großen Gemeinschaft um ihre eigenständige Kultur und nationale Identität.

VIELFALT ZWISCHEN DEN MEEREN

Färöer und Grönland

Als Erbe der Kolonialzeit gehören zum Königreich Dänemark die in diesem Buch nicht weiter beschriebenen nordatlantischen Inselländer Färöer und Grönland. Sie besitzen jeweils eine Teilautonomie mit international anerkannten eigenen Hoheitszeichen (Flagge, Wappen, Kfz-Kennzeichen) sowie Parlamenten und Regierungen mit je einem Ministerpräsidenten. Staatsoberhaupt beider Länder ist Margrethe II.

Alternative Energiegewinnung

Das Selbstverwaltungsrecht (Färöer 1948, Grönland 1979) erstreckt sich auf alle inneren Angelegenheiten, während in der Außen- und Verteidigungspolitik Kopenhagen das Sagen hat. Die dänischen Steuerzahler unterstützen beide Länder mit erheblichen Finanzmitteln (in Grönland ca. 45% aller Staatseinnahmen, auf den Färöer ca. 25%).

Im Dienste der Königin

Steckbrief

Geographisch gehört Dänemark zu Mitteleuropa, kulturell zu Skandinavien. An das deutsche Bundesland Schleswig-Holstein grenzt Jütland, dazu kommen 406 namentragende Inseln.

Verwaltung: 14 Kantone (Amt) und zwei selbständige Städte, Kopenhagen und Frederiksberg.

Fläche ohne teilautonome Gebiete (s. u.): 43 093 km²; davon Jütland 29 776 km², Insel Seeland 7031 km².

höchste Erhebung: Yding Skovhøj (Mitteljütland) 174 m.

längster Fluß: Gudenå (Mitteljütland) 158 km.

größter See: Arresø (Nordseeland) 4000 ha.

Bevölkerung: 5,2 Mio. Menschen.

Ausländeranteil: ca. 3,5%; in Südjütland leben ca. 20 000 deutschsprachige Nordschleswiger mit garantiertem Minderheitenstatus (eigene Schulen, Kindergärten und soziale Einrichtungen).

Bevölkerungsdichte: landesweit: 120 Einw./km². Insel Seeland (17% der Fläche Dänemarks; 40% aller Dänen) ca. 300 Einw./km². Im Hauptstadtbereich Kopenhagen lebt jeder vierte Däne (s. S. 26). Ringkøbing Amt, Westjütland, 55 Einw./km².

Religionszugehörigkeit: 90% der Dänen sind Mitglied der in der Verfassung als Staatskirche verankerten evangelisch-lutherischen Volkskirche (Folkekirke).
Muslime: ca. 60 000
Katholiken: ca. 30 000

Teilautonome Gebiete: Färöer: 1399 km²; ca. 45 000 Einw., Grönland: 2 175 600 km², davon 85% vereist; 55 000 Grönländer, davon 85% Inuit, 15% dänischer Abstammung.

Polyglott 11

Geschichte im Überblick

Ca. 200 000 v. Chr. Behauene Feuersteine beweisen die Anwesenheit erster Menschen.

Ca. 3500–1800. In der jüngeren Steinzeit entstehen bis heute erhaltene Dolmen- und Kammergräber.

Ca. 1800–500 v.Chr. Bronzezeit. Hügelgräber werden aufgeschüttet.

500 v. Chr.–793 n. Chr. Eisenzeit (keltische Phase 500–0, römische Phase 0–400, germanische Phase 400–800). Erste Handelszentren wie Ribe und Haithabu bei Schleswig und eine Grenzbefestigung im Süden (Danewerk) entstehen.

793–1035 Wikingerzeit (s. S.14).

1154–1182. Valdemar I. der Große restauriert die zerfallene Königsmacht. Dänemark expandiert bis ins Baltikum.

1240–1375 Die Hanse wird auf Kosten Dänemarks Ostseegroßmacht. Um 1300 ist das Land an den holsteinischen Adel verpfändet; 1332–1340 bleibt der Thron verwaist. Erst Valdemar IV. Atterdag (ab 1340) etabliert wieder eine starke Königsmacht.

1375–1412 Margrete I. übernimmt 1375 die Regentschaft in Dänemark, 1380 in Norwegen (inkl. Färöer, Island, Grönland) und später in Schweden. 1397 wird ihr Adoptivsohn Erik VII. von Pommern in Kalmar formell König der drei nordischen Reiche, doch Margrete regiert bis zu ihrem Tod.

1412–1439 Erik VII. macht Kopenhagen 1417 zur Hauptstadt. Ab 1425 (bis 1857) läßt er von allen Schiffen, die den Øresund durchfahren, Zoll kassieren: Das bringt Einnahmen, aber auch Streit mit anderen europäischen Mächten.

1520 Christian II. kann nicht verhindern, daß Gustav Vasa 1523 zum schwedischen König gekrönt wird: das Ende der Kalmarer Union. Norwegen bleibt bei Dänemark.

1534 Christian III. wird König und setzt die Reformation durch. Adel und Krone halten sich an den Reichtümern der Kirche schadlos.

Bis zum Ende des Jahrhunderts entstehen rund 1500 Renaissanceschlösser und -herrensitze.

1596–1648 Christian IV. wird zum großen Bauherren der Renaissance (in Kopenhagen u. a. Börse, Schloß Rosenborg, der Runde Turm, Nyboderviertel und Stadtteil Christianshavn). Sein Eingreifen in den Dreißigjährigen Krieg bringt schmerzlichste Landverluste an Schweden. Bei Christians Tod ist Dänemark ruiniert.

1648–1670 Frederik III. läßt wieder gegen Schweden marschieren und verliert bis auf Bornholm alle Provinzen östlich des Øresunds für immer an den Nachbarn. Dänemark schrumpft um ein Drittel. Trotz der Niederlage kann Frederik 1660 den Absolutismus durchsetzen.

1721 Der norwegische Pfarrer Hans Egede missioniert im Auftrag der Krone Grönland.

1768–1772 Der deutsche Arzt Struensee gewinnt das Vertrauen des geisteskranken Christian VII. und die Zuneigung der 18jährigen Königin. Knapp 16 Monate regiert er mit visionären Ideen das Land, dann wird er entmachtet, enthauptet und geviertelt.

1801–1814 Zum Auftakt der Napoleonischen Kriege bezwingt eine englische Flotte die dänische in der Seeschlacht auf der Reede vor Kopenhagen. 1807 schießen englische Schiffe Kopenhagen in Brand und erzwingen die Übergabe der dänischen Flotte. Dänemark schlägt sich endgültig auf die Seite Napoleons und

GESCHICHTE IM ÜBERBLICK

schlittert mit ihm in Niederlage und Staatsbankrott. 1814 lösen die Siegermächte die dänisch-norwegische Doppelmonarchie auf. Norwegen fällt an Schweden, nur Island, die Färöer und Grönland bleiben bei Dänemark.

1814–1848 Total verarmt, führt Dänemark als erstes europäisches Land eine allgemeine Schulpflicht ein und erlebt eine kulturelle Blütezeit, das „Goldene Zeitalter" (s. S. 17).

1848/49 Mit Frederik VII. endet der Absolutismus unblutig; er unterschreibt am 4. Juni 1849 eine neue Verfassung.

1848–1850 Ein Aufstand deutschgesinnter Schleswig-Holsteiner wird im ersten Schleswigschen Krieg niedergeschlagen.

1864 Die dänische Verfassung wird auf Schleswig – nicht aber auf Holstein – ausdehnt. Der folgende Krieg gegen den Deutschen Bund endet in der Niederlage der Dänen bei den Düppeler Schanzen. Schleswig und Holstein kommen unter deutsche Herrschaft; die Grenze verläuft jetzt entlang der Kongeå.

1864–1914 Die Heidegebiete Jütlands werden in großem Stil urbar gemacht. In den Städten bildet sich ein Industrieproletariat, aus dem eine Arbeiterbewegung und später die Sozialdemokratie hervorgeht. Bäuerliche Produktionsgenossenschaften (ab 1882) werden zur Basis des landwirtschaftlichen Exports. Erste Sozialgesetze ab 1890.

1914–1918 Im Ersten Weltkrieg bleibt Dänemark neutral.

1920 Im Herzogtum Schleswig entscheidet eine Volksabstimmung über den bis heute gültigen Grenzverlauf zwischen Deutschland und Dänemark.

Wikingerhaus in Fyrkat

Margrethe II. und ihre Familie

Das Ellingå-Wikingerschiff

Bunkermuseum in Thyborøn

Polyglott **13**

Geschichte im Überblick

1935–1940 Große Bauprogramme gegen Arbeitslosigkeit.

1940–1945 Dänemark versucht neutral zu bleiben, wird am aber 9. April 1940 von der deutschen Wehrmacht besetzt. Bis 1943 mischen sich die Besatzer nicht in die inneren Angelegenheiten. 1943 endet die „Zusammenarbeitszeit"; Dänemark wird von den Alliierten als verbündetes Land anerkannt. Im Oktober 1943 werden fast alle dänischen Juden nach Schweden gerettet. Zwischen dänischem Widerstand und den Besatzern sowie ihren Kollaborateuren entwickelt sich ein Untergrundkrieg. Am 5. Mai 1945 wird Dänemark befreit, nur auf Bornholm verlängert ein Durchhaltefanatiker den Krieg um 4 Tage, in denen Rønne und Neksø als einzige dänische Städte Flächenbombardements erdulden müssen. In der Folge der Kriegswirren beendet Island am 17. Juni 1944 einseitig die Union mit Dänemark.

1953 Eine Verfassungsreform erlaubt die weibliche Thronfolge.

1955 Die „Bonn-Kopenhagener-Erklärung" garantiert den Minderheiten beiderseits der dänisch-deutschen Grenze die Wahrung ihrer Kultur.

1972 Margrethe II. wird nach dem Tode von Frederik IX. Königin.

1973 Dänemark tritt der EG bei.

1992 Die Dänen votieren mit knappem „Nein" gegen die Verträge von Maastricht, stimmen aber ein Jahr später den nachgebesserten Verträgen von Maastricht zu.

1997 Die 18 km lange Brücken-Tunnel-Verbindung über den Großen Belt steht vor ihrer Vollendung. Beginn der Bauarbeiten an der Øresundverbindung von Kopenhagen nach Südschweden.

Die Wikingerzeit

Die Plünderung des englischen Klosters Lindisfarne durch Nordleute markiert den Beginn der Wikingerzeit. Schrecken verbreiten Wikinger vor allem mit Zügen an die Küsten des Frankenreiches, nach England und bis in den Mittelmeerraum oder über die großen Flüsse bis weit nach Mitteleuropa hinein. In Ostengland und in der Normandie werden größere Gruppen seßhaft. Von Westnorwegen aus erkunden Nordleute die Färöer, Island, Grönland und Nordamerika. Aus heute schwedischen Gebieten machen sich Händler auf und entdecken die großen Flüsse Rußlands als Handelswege bis zum Orient. Grundlage aller Aktivitäten sind die genialen seefahrerischen Fähigkeiten und die allen Gegnern überlegene Bootsbaukunst der Nordleute. Eindrucksvolle Beispiele ihrer Kriegs- und Handelsboote sind im Wikingerschiffsmuseum von Roskilde zu sehen. Aus der Wikingerzeit sind in Dänemark auch viele Runensteine erhalten, während Kultur und Geschichte dieser Epoche literarisch in den isländischen Sagas weiterlebt. Die Missionierung des Nordens leitet 826 der Benediktinermönch Ansgar ein, doch bis ins 11. Jh. lassen sich die alten Götter Odin, Thor, Freyr und Freyja nicht gänzlich verdrängen. Ab etwa 950 bilden sich Zentralgewalten, so eine gesamtdänischen Königsmacht in Jelling (Jütland) unter Gorm dem Alten und seinem Sohn Harald Blauzahn. Nun entstehen die großen Ringburgen, von denen Fyrkat und Trelleborg erhalten sind.

Dann expandiert das junge Reich nach England und Knud der Große vereint 1018 Ostengland und Teile Norwegens unter der dänischen Krone. Nach seinem Tod 1035 zerfällt dieses Groß-Dänemark, und die Wikingerzeit endet.

Steinsetzungen in Schiffsform,
Lindholm Høje bei Aalborg

Kultur gestern und heute

Die ältesten deutlich sichtbaren Wurzeln dänischer Kultur liegen in der Jungsteinzeit (3500–1800 v. Chr.). In allen Landesteilen sind Großsteingräber erhalten: Runddolmen (runddysse), in der Regel mit nur einer Grabkammer und einem umgebenden Steinring, die jüngeren Langdolmen (langdysse) mit einer oder mehreren Grabkammern in einer rechteckigen, ebenfalls von Randsteinen gesäumten Anlage. Bei den Gang- und Kammergräbern (jættestue) schließlich sind eine oder mehrere Grabkammern in einem Hügel durch einen Gang von der Seite zugänglich.

Steinsetzungen, oft in Schiffsform, stammen aus der späten Eisen- und der Wikingerzeit (ca. 800–1035 n. Chr.). Verblüffend präzise angelegt sind die Wälle der Wikingerburgen Trelleborg auf Seeland und Fyrkat bei Hobro in Nordjütland.

In der Romanik (1035–1250) entstehen erste Schlösser wie in Nyborg auf Fünen, Kathedralen wie im südjütischen Ribe und weit über 1000 Landkirchen aus Granit, die „umfangreichste kulturhistorische Tat in der Geschichte Dänemarks". Viele heutige Dorfkirchen haben einen romanischen Kern, wurden aber später anderen Stilen angepaßt – noch sehr romanisch zeigt sich z. B. Tveje Merløse bei Holbæk auf Seeland. Der Dom von Roskilde zeugt vom Übergang zur Gotik (1250–1550). Neue Landkirchen werden jetzt mehrheitlich aus Ziegelstein gebaut. Ein gut erhaltener weltlicher Bau ist Burg Spøttrup am Limfjord.

Großartiges hat die niederländisch geprägte Renaissance (1550–1630) hinterlassen, u. a. Schloß Kronborg in Helsingør oder die Kopenhagener Börse.

Auch viele der berühmtesten Adelssitze stammen aus dieser Periode, so Egeskov auf Fünen oder Voergård in Ostjütland; bürgerliche Gegenstücke sind Jens Bangs Stenhus in Aalborg und prächtige Fachwerkbauten in vielen Provinzstädten. Im Barock (1630–1735) entstehen so repräsentative Bauten wie Schloß Charlottenborg in Kopenhagen und das königliche Frühjahrsdomizil Schloß Fredensborg in Nordseeland. Schönstes Beispiel des anschließenden Rokoko (1735–1775) ist die königliche Residenz Schloß Amalienborg.

C. F. Hansen baut in der Periode des Klassizismus (1775–1850) nach dem Brand 1807 Kopenhagen wieder auf, u. a. mit dem Dom und dem Stadtgericht am Nytorv. Die Architektur des Historismus (1850–1930) lebt vom Rückgriff auf Historisches: Beispiele sind die Rathäuser von Odense und Kopenhagen. Das Rathaus von Århus dokumentiert dann den Hypersprung zum Funktionalismus, der bis heute nachwirkt. Arne Jacobsen wird zu einem der bekanntesten Architekten und Designer Europas. Die weltweite Anerkennung dänischer Architekten belegt Jørn Utzons imposantes Opernhaus in Sydney.

Highlights der Gegenwartsarchitektur sind neuere Kulturbauten, allen voran die Museen für moderne Kunst wie Nordjütlands Kunstmuseum in Aalborg, das international herausragende Louisiana in Humlebæk und das 1993 eröffnete Bornholms Kunstmuseum. Ihnen allen ist gemein, daß sich die modernen Gebäude mit der umgebenden Natur verbinden. Genial gelingen auch Symbiosen historischer Bauten mit moderner Architektur wie bei Schloß Koldinghus in Ostjütland.

Vom hohen Niveau des Kunsthandwerks in der Vorzeit zeugen Luren (bronzene Blasinstrumente) und der Sonnenwagen von Trundholm aus der Bronzezeit ebenso wie der Silberkessel von Gundestrup aus der keltischen und die Goldhörner von Gallehus aus der germanischen Eisenzeit.

16 Polyglott

KULTUR GESTERN UND HEUTE

In der Romanik werden die ersten Kirchen mit Fresken ausgemalt, in der Gotik setzt sich dies fort, und eine Blütezeit erlebt die Kalkmalerei um 1500, u. a. mit dem Elmelund-Meister auf Møn. Filigrane gotische Holzschnitzerarbeiten schaffen Bernt Notke (Altar im Århuser Dom) und Claus Berg (Altar in der Knuds-Kirche, Odense).

Der Sonnenwagen von Trundholm im Nationalmuseum Kopenhagen

Die erste Hälfte des 19. Jhs. ist das „Goldene Zeitalter" *(Guldalder)* des Kultur- und Geisteslebens, insbesondere der Malerei, für die Namen wie C. W. Eckersberg, C. Købke und J. T. Lundbye stehen. Bertel Thorvaldsen, klassizistischer Bildhauer, ist weit über die Grenzen des Landes bekannt. Andere Zeitgenossen sind der Märchendichter H. C. Andersen (s. S. 38) und der Philosoph Søren Kierkegaard.

Die Patriziervilla in Louisiana

Um die letzte Jahrhundertwende kommen erstmals bedeutende Kunstimpulse von außerhalb der Hauptstadt: Im nordjütischen Fischerdorf Skagen arbeitet die vom Impressionismus beeinflußte Malergruppe um A. Ancher und P. S. Krøyer (Skagen Museum).

Internationale Beachtung erlangt Mitte des 20. Jhs. die abstrakt fabulierende, internationale CoBrA-(Copenhagen-Brüssel-Amsterdam-) Gruppe, der Künstler wie Asger Jorn (Sammlung im Silkeborg Kunstmuseum) und Carl-Henning Pedersen (Museum in Herning) angehören.

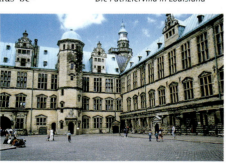

„Hamletschloß" Kronborg

Bis zu seinem Tod 1993 zählt Robert Jacobsen zu den produktivsten Bildhauern des Landes – ungemein ausdrucksstark seine riesigen Metallskulpturen in der Tørskind Kiesgrube bei Egtved. International bekannt ist heute der Maler, Bildhauer, Filmregisseur und Lyriker Per Kirkeby, während Bjørn Nørgaard mit monumentalen „Kunstam-Bau"-Objekten nationale Berühmtheit erlangte. Moderne Kunst wird umfangreich aus öffentlichen Mitteln und durch steuerlich begünstigtes Mäzena-

Mittelalterliches Schloß Nyborg

KULTUR GESTERN UND HEUTE

tentum gefördert, beispielhaft sind die vielen Kunstwerke auf Straßen und Plätzen der jütländischen Provinzstadt Holstebro, wo auch die erste permanente Laserskulptur der Welt Nacht für Nacht Besucher anlockt.

Für die Literaturschaffenden Dänemarks ist es auf internationaler Bühne schwer, aus dem Schatten des Märchendichters H. C. Andersens (s. S. 38) herauszutreten. Anfang des 20. Jhs. zählte Martin Andersen Nexø zu den meistgelesenen Autoren im deutschen Sprachraum; er gilt als bedeutendster Arbeiterdichter Westeuropas. Internationale Popularität erlangte in den 30er Jahren Karen – in Deutschland „Tania" – Blixen. Erfolgreiche Verfilmungen von „Out of Afrika – Jenseits von Afrika" und „Babettes Fest" brachten ihrem Werk in den 80ern eine Renaissance.

Auch jüngste dänische Literatur liegt in deutschen Übersetzungen vor, so Kri-

mis des Kopenhagener Originals Dan Turéll, die hochgelobte Lyrik Inger Christensens oder die Romane Peter Høegs, der Entdeckung der 90er Jahre. Sein „Fräulein Smillas Gespür für Schnee" lag 1994 lange auf den Spitzenplätzen der deutschen Bestsellerlisten und wurde auch verfilmt, selbstverständlich von Dänemarks Regiestar Bille August. Er brachte 1993 mit internationaler Starbesetzung Isabel Allendes „Geisterhaus" auf die Leinwand und bekam für die Verfilmung von Martin Andersen Nexøs Roman „Pelle der Eroberer" 1988 die Goldene Palme in Cannes, den europäischen Filmpreis Felix und 1989 einen Oscar.

Erfolge in der Filmwelt haben Tradition: Zu Beginn der Stummfilmzeit war Dänemark neben Frankreich das bedeutendste europäische Produktionsland und stellte mit Asta Nielsen den ersten Kinoweltstar von ihrem Durchbruch 1911 bis in die frühen 30er Jahre.

Festekalender

23. Juni: Sankt hansaften (Johannisabend), wird überall im Lande an Stränden, in Gärten und Parks gefeiert, traditionell mit einem Johannis-Feuer oder modern mit Rockkonzert.

Juni/Anfang Juli: mehrtägige Open-air-Festivals mit Rock und Pop in Roskilde und Ringe. Wikingerfestspiele in Frederikssund (Seeland). Volkstümlicher, großer Pferde- und Krämermarkt in Hjallerup.

Juli: mehrtägiges Jazzfestival an vielen Veranstaltungsorten in ganz Kopenhagen; Rockfestival Langeland. Wikingerfestspiele auf der Freilichtbühne am Jells See (Südjütland). Traditionelle Ringreiterspiele an den ersten drei Juliwochenenden in Aabenraa, Sønderborg und Gråsten. Wikingermarkt auf dem Gelände des historischen Museums Moesgård bei Århus. Großer Krämer- und Pferdemarkt in Vorbasse.

2. Augustwochenende: Rockfestival Skanderborg.

Ende August: Jazz-, Folk- und Soul-Festival, Tønder.

Anfang September: Århus-Festwoche mit breitem Kulturangebot (Theater, Konzerte, Ballett usw.).

In vielen Orten finden Reihen mit klassischen Konzerten statt, berühmt sind die in der Kirche von Sorø, die im Dom zu Ribe, das Orgelfestival von Odense und natürlich die sommerliche Veranstaltungsreihe im Kopenhagener Tivoli. Tradition haben auch Tanzfestivals rund um das Königliche Ballett, und ein Erlebnis sind Konzerte im stilvollen Ambiente zahlreicher Schlösser und Herrensitze.

Das Dänische Fremdenverkehrsamt veröffentlicht zweimal pro Jahr einen ausführlichen Veranstaltungskalender mit genauen Daten.

Von Frokost und Øl

Dem *morgenmad* (Morgenmahl) begegnen die Gäste in dänischen Hotels und Pensionen meist in Form eines opulenten Frühstücksbuffets von 7–10, gelegentlich sogar bis 11 Uhr. Zwischen 12 und 14 Uhr ist dann Zeit für *frokost*, direkt übersetzt zwar ein Frühstück, in der Praxis aber ein leichtes Mittagessen. Die Hauptmahlzeit heißt *middag*, Mittag, kommt aber meist am Abend zwischen 18 und 21 Uhr auf den Tisch; nur die einfachere, kalte Alternative heißt *aftensmad*, Abendessen.

Plantagenbesitzerin, Großwildjägerin, Autorin: Karen „Tania" Blixen in Kenia, 1923

Die traditionelle dänische Küche ist deftig. Huhn, Schweinefleisch oder Fisch werden meist gekocht und zusammen mit Kartoffeln, dicker Soße sowie Rotkohl, süßsauren Gurken oder Roten Beten serviert. Im Alltag findet leichtere Vollwertkost zunehmend Anhänger. Am frühen Nachmittag gibt es zum Kaffee eines der verführerischen Teilchen, die in der ganzen Welt Kopenhagener oder Dänischer Plunder heißen, in Dänemark aber *wienerbrød* (Wiener Brot).

Königliches Ballett Kopenhagen

In Restaurants sorgen Einflüsse französischer Küche und beste Rohwaren aus dem Meer und vom Lande dafür, daß auch verwöhnte Gaumen befriedigt werden. Unterhalb der Topgastronomie gibt es ein breites Angebot: Für 50 bis 100 DKK servieren sog. Discount-Restaurants schon ein sättigendes Dreigängemenü. Auf Speisekarten dominieren Gegrilltes, Gebratenes oder Gebackenes von edleren Fischen und vom Rind. Rindersteaks *(oksebøf)*, Rinderhacksteaks *(hakkebøf)* sowie Lachs in mehreren Varianten sind Standards.

Festival-Performance

Weltberühmt aus der dänischen Küche ist das *smørrebrød*, ein kunstvoll belegtes „Butterbrot": Auf eine Scheibe Grau- oder Weißbrot werden wahlweise und reichlich in ein oder zwei Schichten Krabben oder Krebse, Fischfilets oder Frikadellen, kleine Schweinefilets oder Schinken, Salzfleisch oder Ochsenzunge oder was auch immer aufgetürmt und mit Kapern oder Zwiebelringen, Anchovis oder Aspikstreifen, Radieschen oder Meerrettich garniert und einem Klecks Mayonnaise gekrönt. Mit 1,40 m Länge und 178 „Stullen-Kombinationen" schaffte der Bestellzettel eines heute nicht mehr existierenden Kopenhagener Smørrebrødlokals schon den Sprung ins Guinness-Buch der Rekorde.

Smørrebrød sind typische Frokostgerichte. Sie erleben Konkurrenz von kleinen warmen *(lune)* Tellergerichten, leichten Salaten oder knusprigen Baguettes, die vor allem in den modernen Cafés der Städte offeriert werden.

Zu jeder Mahlzeit kann man in Dänemark Bier *(øl)* trinken, angeboten werden verschiedenste Marken und Sorten in Flaschen, seltener als Faßbier. Landesweit schenken Kneipen und Restaurants die Produkte der vereinigten Großbrauereien Carlsberg und Tuborg aus, meist auch noch die des letzten nennenswerten Konkurrenten Faxe sowie die ein oder andere lokale Bierspezialität. Pilsener ist Standardsorte, helle und dunkle Starkbiere *(guld-øl, porter)* sind überall zu haben, zunehmend auch Light- und alkoholfreie Biere.

Die meisten Restaurants bieten gute Tischweine an; verbreitet sind trockene Tröpfchen aus Frankreich. International übliche Spirituosen schenkt jede Bar aus. Unter den heimischen Produkten sind Kümmelschnaps *(akvavit)* in verschiedenen Qualitäten und der herbe Kräuterbitter *Gammel Dansk* hervorzuheben. Beide trinkt man gern nach dem Essen, den Gammel Dansk auch schon mal zu einem opulenten Feiertagsfrühstück.

Urlaub aktiv

Lust auf sportliche Ferien? In Dänemark kein Problem! Vorschläge für Wanderungen macht das staatliche Forst- und Naturschutzamt auf rund 100 Faltblättern. Die Broschüren sind in den örtlichen Informationsbüros erhältlich. Zunehmend werden auch Langstreckenwanderwege eingerichtet, so Küstenwege in verschiedenen Teilen Jütlands, rund um Bornholm oder am Isefjord in Nordseeland. Auch Pferdefreunde finden „alles Glück der Erde" auf zahlreichen Bauern- und speziellen Pferdehöfen. Mietpferde kosten etwa 80 DKK/Stunde, 200 DKK/Tag; Reiterferien inkl. Halbpension knapp 3000 DKK pro Woche. Ganz groß geschrieben wird in Dänemark natürlich jede Art von Wassersport:

Angeln

Wenn die Fischhegeabgabe (100 DKK für ein Jahr; einzahlbar an jedem Postamt, in Info-Büros und bei Veranstaltern von Angeltouren) entrichtet ist, kann man am und auf dem Meer überall die Angelleine auswerfen. Alle wichtigen Informationen z. B. zu Schutzbestimmungen und Hochseeangeln liefert eine Angelbroschüre des Dänischen Fremdenverkehrsamtes. Für Binnengewässer sind Angelscheine meist im nächstgelegenen Info-Büro erhältlich.

Kanufahren

Das bekannteste Gebiet für längere Touren ist das Seenhochland rund um Silkeborg und der weitere Verlauf der Gudenå bis Randers (Jütland). Beliebt sind die kleineren Reviere der Suså in Südseeland sowie auf der Seenplatte mit Lyngbysø, Bagsværdsø (internationale Regattastrecke) und Furresø nördlich von Kopenhagen. Adressen von Kanuverleihern sowie Informationen

20 Polyglott

URLAUB AKTIV

über Beschränkungen zum Schutz der Natur bei den dortigen Info-Büros.

Schwimmen

Die langen Strände sind Dänemarks größtes Ferienparadies. Badeverbote gelten nur für etwa 0,2 % der Küste (Gewässerkarten des Umweltamtes können in vielen Info-Büros eingesehen werden). An bewachten Stränden wird mit Flaggen angezeigt, ob Baden erlaubt ist oder nicht (rot = verboten, gelb = gefährlich, grün = erlaubt). Grundsätzlich sollten Sie beim Baden in der Nordsee extrem vorsichtig sein und sehr auf Kinder achten.

Immer die richtige Brise

Segeln und Surfen

Konstanter, kräftiger Wind und Reviere mit nahezu allen Schwierigkeitsgraden machen Dänemark zu einem der beliebtesten Ziele für Wassersportler in Europa. Einige Inseln und Küstenstreifen samt umliegender Seegebiete sind als Vogel- oder Robbenschutzgebiete ausgewiesen und zeitweilig oder ganzjährig für Surfer und Segler gesperrt. Über die Lage der Zonen sollte man sich unbedingt informieren, denn Nichtbeachtung wird streng bestraft.

Pause für brave Vierbeiner

Eine Legitimation, ein Sportboot zu führen, wird nicht verlangt, doch sollte jeder Segler gute Segelerfahrung und Navigationskenntnisse mitbringen. Rund 200 Häfen sind für Freizeitschiffer eingerichtet (Hafengebühren ca. 10 bis 30 DM pro Nacht und Boot).

Klitmøller an der Nordseeküste nahe Thisted gilt als eines der besten Windsurferreviere in Europa, erfordert aber, wie alle Nordseegebiete, die perfekte Beherrschung dieses Sports. Weniger Anforderungen stellen Ostsee und die „Binnenmeere" wie Limfjord oder Ringkøbing Fjord. Knapp 40 Surfschulen bieten Anfängern ihre Dienste an.

Viel Spaß in Fyns Sommerland

Das Dach über dem Kopf

Dänemark ist ein Land der Ferienhäuser, aber auch mit einer großen Palette von Alternativen:

Camping und Caravaning

Von über 550 Campingplätzen sind ca. 50 % ganzjährig geöffnet. Viele bieten auch Hütten und für Wohnwagen und Wohnmobile Einrichtungen zum Entsorgen chemischer Toiletten und Wasserauffüllen für Wohnwagen und Wohnmobile.

Vom dänischen Campingrat anerkannte Plätze sind in fünf Kategorien eingeteilt, nach denen sich die Preise staffeln. Den verlangten Campingpaß (Camping Card International o. ä.) kann man auf allen Plätzen gegen eine geringe Jahresgebühr erwerben. Freies Zelten und Campieren ist verboten. Das Dänische Fremdenverkehrsamt hält umfangreiches Material bereit, und das jährlich erscheinende Gesamtverzeichnis aller dänischen Campingplätze gibt es beim Dänischen Buchhandel in Flensburg (s. S. 93).

Ferienhäuser

Das Angebot reicht vom schlichten Holzhäuschen für vier Personen über winterfeste Häuser mit sechs bis acht Betten bis hin zum Luxusdomizil mit zehn und mehr Schlafplätzen und eigenem Swimmingpool. Dusche, WC und Küche mit ausreichender Ausstattung sind immer vorhanden, ebenso Bettzeug (aber keine -wäsche). Die Mietpreise richten sich nach Kriterien wie Komfort oder Standort, und schließlich kalkulieren die Vermittler in bis zu 8 Preisperioden. Differenzen von weit über 50 % für die Miete des selben Hauses in der Haupt- oder Nebensaison sind durchaus üblich.

Eine Faustregel: Die teuersten und luxuriösesten Häuser finden sich an der Westküste Jütlands; relativ teuer sind Häuser auf Bornholm, preiswerter die an den anderen Ostseeküsten. Das Dänische Fremdenverkehrsamt veröffentlicht jährlich die Adressen zahlreicher lokaler wie überregionaler Ferienhausvermittler.

Ferien auf dem Bauernhof

Zur Wahl stehen entweder Zimmer mit Verpflegung (und Familienanschluß) oder Gästewohnungen für Selbstversorger. Information und Vermittlung über Bondegårdferie (c/o Horsens Turistbureau, Søndergade 26, DK-8700 Horsens ☎ 70 10 41 20, 📠 75 60 21 90) oder Landsforeningen for Landboturisme (Leresvej 2, DK-8410 Rønde ☎ 86 37 39 00, 📠 86 37 35 50).

Jugend- und Familienherberge

Jugendherbergen heißen in Dänemark *Vandrerhjem* (Wandererheim) und entsprechend hat nicht nur „Jugend" Zutritt: Es gibt weder Altersgrenzen noch Einschränkungen hinsichtlich des benutzten Verkehrsmittels.

Die meisten Häuser haben Zweibett- oder Familienzimmer, häufig mit eigener Dusche und WC; abendliche Schließzeiten sind kein Dogma; oft werden gegen Pfand Hausschlüssel ausgehändigt. Fast alle Häuser bieten neben einer Selbstversorger-Küche auch solide und preiswerte Mahlzeiten.

Wer keinen Jugendherbergsausweis besitzt, kann eine Gästekarte lösen (6 Gästekarten = eine Jahresmitgliedschaft). Ein Herbergsverzeichnis kann man beim Dänischen Fremdenverkehrsamt bestellen (s. S. 93); weitere Informationen gibt: Landsforeningen Danmarks Vandrerhjem, Vesterbrogade 39, DK-1620 København V, ☎ 31 31 36 12, 📠 31 31 36 26.

Hotels und Landgasthöfe (Kroer).

In den Ferienregionen folgen die Preise dem Saisonverlauf, aber gerade Stadt-

22 Polyglott

DAS DACH ÜBER DEM KOPF

hotels (z. B. „Best Western Hotels" und „Scandic Hotels"), die sonst auf Geschäftsreisende spezialisiert sind, überraschen im Hochsommer und an Wochenenden mit günstigen Angeboten. Preiswert sind die Missionshotels und die Discounthotels mit Zimmern wie Schiffskabinen.

Schön gelegen und gut ausgestattet: Dänemarks Campingplätze

Kroer (Einzahl: Kro) heißen die Landgasthöfe entlang der wichtigsten Verkehrswege und in kleineren Orten. Viele Kroer haben ausgezeichnete Zimmer und hervorragende Restaurants Die Bezeichnung Kro ist aber nicht geschützt, und so gibt es keinen einheitlichen Standard. Ordentlich sind die Häuser der Kette „Dansk Kro Ferie" und meist auch die traditionsreichen „Kongelig privilegerede Kroer" (königlich privilegierte Kroer). Einige Hotel- und Kro-Ketten bieten Schecksysteme – ohne große Preisvorteile.

Die Tür eines Vandrerhjems steht allen offen

Privatzimmer (B & B)

Privatzimmer mit Frühstück kann man bei zahlreichen Informationsbüros buchen; in Städten allemal eine günstige Alternative zum Hotel.

Schlösser und Herrensitze

Viele alte Adelssitze sind zu komfortablen Hotels umgewandelt, in denen man stilvoll Urlaub machen kann. Mehr als ein Dutzend der besten Schloßherbergen kooperieren als Dansk Slotte og Herregårde, Fælledvej 11 B, DK-8800 Viborg, ☎ 86 60 38 44, 📠 86 60 38 31.

Unkonventionell und preiswert

In einigen Städten gibt es während der Sommermonate preiswerte Schlafsackunterkünfte („Sleep-Ins", Informationen über die lokalen Info-Büros). Zeltlager, die unter bestimmten Themen die alternative Szene ansprechen, finden jeden Sommer auf kleineren Inseln statt. Näheres über Ø-lejr Kontoret, Vendersgade 8, DK-1363 København K.

Immer einladend: kleine und große Kroer im ganzen Land

Polyglott **23**

Reisen nach und in Dänemark

Individuell unterwegs

Das dänische *Straßennetz* ist sehr dicht, Zustand und Verkehrsregeln bzw. -zeichen entsprechen weitgehend mitteleuropäischem Standard. Mit Rücksicht auf Radurlauber sollte der Fernverkehr Nebenstraßen meiden. *Tankstellen* findet man reichlich, unverbleite *(blyfri)* Kraftstoffe sowie Diesel gibt es überall, verbleites Benzin immer weniger. *Pannenhilfe* bietet die private Hilfs- und Rettungsorganisation Falck mit über 100 Stationen. Die jeweilige Rufnummer finden Sie im örtlichen Telefonbuch. Leistungen von Falck sind sofort zu zahlen.

Bei *Unfällen,* die ausländische Beteiligte (mit-) verschuldet haben, sollte Dansk Forening for international Motorkøretøjsforsikring (Dänischer Verband für internationale Kfz-Versicherer), Amaliegade 10, DK-1256 København, ☎ 33 13 75 55, benachrichtigt werden.

Autoreisezüge verkehren nicht direkt bis Dänemark, Urlauber aus den Alpenländern seien auf Verbindungen nach Hamburg hingewiesen.

Das *Fahrradwegenetz* ist vorbildlich, 10 nationale Fahrradrouten (insgesamt ca. 3300 km) führen durch das ganze Land, ergänzt durch lokale Routen. Deutschsprachige Beschreibungen der Fahrradrouten mit detaillierten Karten kann man in Dänemark über ❶-Büros und den Buchhandel beziehen.

Aufs Schiff

Ein Sonderprospekt des Dänischen Fremdenverkehrsamtes listet jährlich etwa 50 innerdänische und zwei Dutzend grenzüberquerende *Fährverbindungen* auf. Die wichtigsten Linien von Mitteleuropa aus:

– **Vogelfluglinie** Puttgarden-Rødbyhavn (DFO/DSB): in Deutschland ☎ 01 80/ 5 34 34 41 und 0 43 71/86 51 11, 📠 01 80/ 5 34 34 41 und 0 43 71/ 86 51 12; in Dänemark ☎ 33 15 15 15.
– **Rostock–Gedser** (DFO/DSB): in Deutschland ☎ 01 80/ 5 34 34 45 und 03 81/6 73 12 17, 📠 01 80/5 34 34 46 und 03 81/ 6 73 12 13; in Dänemark ☎ 33 15 15 15.
– **Gelting–Fåborg** (Fünen): in Deutschland ☎ 0 46 43/793; in Dänemark 62 61 15 00.
– **Kiel–Langeland:** in Deutschland ☎ 04 31/3 01 72 50; in Dänemark 62 56 14 00).

Fährplätze werden meist telefonisch reserviert; man bekommt eine Reservierungsnummer und die nennt man am Anleger als Beleg für die Buchung. Ansonsten kann jedes gute Reisebüro eine Reservierung vornehmen und ein Ticket ausstellen. Für zahlreiche Kurzstrecken ist eine Buchung allerdings nicht möglich. Um reservierte Plätze zu belegen, muß man meist 10 oder 15, seltener 30 Minuten und in wenigen Fällen 1 Stunde vor der planmäßigen Abfahrt am Anleger sein.

Reisen mit öffentlichen Verkehrsmitteln

Mit der *Bahn* erreicht man Fredericia (Knotenpunkt des innerdänischen Bahnverkehrs) mehrmals täglich ab Hamburg in ca. 4 Std. Zwischen Hamburg und Kopenhagen verkehren täglich zahlreiche EC-Züge sowie Schlaf- und Liegewagenzüge in den Nachtstunden (durchgehend, mit Zugverladung auf Fährschiffe, Fahrzeit 5–6 Std). Innerhalb Dänemarks fahren Züge tagsüber in dichter Folge, auch zwischen Seeland und Jütland – am Großen Belt noch mit Zugverladung auf Fähren (ca. 80 Min.); demnächst direkt über die 18 km lange neue Verbindung (s.S. 81) in etwa 7 Minuten. Gut ist die Fahrplanabstimmung zwischen Zügen, Bussen und Fähren. Preise für Bahnfahrten richten sich nach einem Zonensystem,

24 Polyglott

REISEN NACH UND IN DÄNEMARK

das auch einige Fährlinien einschließt. Inhaber der deutschen BahnCard Senior mit Zusatzkarte Ausland erhalten in Dänemark 30 % Rabatt. Von einigen Sondertarifen profitiert man nur beim Fahrkartenkauf in Dänemark (ca. 20 % Rabatt an Billigtagen Di, Mi, Do und Sa; Pakettouren zu Sehenswürdigkeiten, Vergnügungsparks etc.).

Internationale *Buslinien* verkehren ab Kiel bzw. Hamburg nach Kopenhagen, Århus, Aalborg, Hirtshals und in der Saison nach Fünen. In Dänemark fahren preiswerte Fernbusse zwischen den Landesteilen sowie über Schweden nach Bornholm. Der gut funktionierende Regionalbusverkehr wird in großräumigen Tarifgemeinschaften abgewickelt (günstige Mehrfachkarten oder Touristentickets).

Linienflüge zwischen Mitteleuropa und Dänemark führen nach oder über Kopenhagens Airport Kastrup, abgesehen von einigen Sommerverbindungen nach Bornholm (s. S. 90 ff.) und wenigen Direktflügen nach Jütland (z. B. Frankfurt/M.–Billund). Erfahrungsgemäß kann man in der Haupturlaubszeit mit Sonderangeboten rechnen. Fragen Sie nach dem „Skandinavien-Special-", den „flieg &spar-Tarifen" oder dem Jugend-Tarif (bis 24 Jahre). Ein Vollzahler bekommt für mitreisende Familienangehörige zusätzlich Preisnachlässe.

Kopenhagen Kastrup ist auch Drehkreuz des innerdänischen Flugnetzes. Ab hier werden 10 Flugplätze im Lande regelmäßig angeflogen. Sondertarife machen das Fliegen preiswert: *Rødpris* (roter Preis) an Werktagen; *Grønpris* (grüner Preis) für Einzelpersonen und besonders für mitreisende Lebenspartner und Kinder an Wochenenden; Stand-by-Tickets für unter 25jährige. In der Hauptsaison werden oft kurzfristig noch weitergehende Sonderangebote bekanntgemacht.

Unterwegs auf der Vogelfluglinie Puttgarden–Rødbyhavn

Kopenhagen Hauptbahnhof

Polyglott 25

*** Kopenhagen

Tolerant und liebenswert – die Metropole am Meer

Dänemarks Hauptstadt – 1996 Kulturhauptstadt Europas – glänzt als unumstrittene Metropole des Landes, ist Residenzstadt der Königin, Sitz von Regierung und Parlament, Medienzentrum, skandinavischer Verkehrsknotenpunkt, überragendes Wirtschafts- und Handelszentrum und vor allem heiter, bunt und aufgeschlossen. Patinaveredelte Kupferdächer über rotem Backstein, viel, viel Grün und immer wieder Wasser, Kanäle und Hafenbecken fügen sich zu einem unverwechselbaren Stadtbild.

Das eigentliche Kopenhagen (Københavns Kommune) hat nur 470 000 Einwohner, aber schon wenige Meter westlich des Hauptbahnhofs betritt man die selbständige Stadt Frederiksberg (86 000 Einw.); Statistiker rechnen noch Gentofte (65 000 Einw.) und 25 weitere Umlandgemeinden zum Hauptstadtbereich mit 1,337 Mio. Einwohnern.

Kopenhagen, 1167 von Bischof Absalon durch den Bau einer Burg gegründet und 1417 von Erik VII. zur Residenzstadt gemacht, wurde bis weit ins 19. Jh. hinein durch Befestigungsanlagen eingeschnürt. Erst ab 1852 durfte außerhalb der Wälle gebaut werden, das historische Zentrum ist dadurch sehr kompakt und läßt sich bequem zu Fuß entdecken.

Weg 1: Vom Rathausplatz nach Frederiksberg

Am * Rådhuspladsen (Rathausplatz) ❶, dem Knotenpunkt des Stadtbusverkehrs und Treffpunkt für die meisten Stadtrundfahrten an den Lurenbläsersäulen, starten auch alle vorgeschla-

genen Streifzüge durch Kopenhagen. Gleich unübersehbar das * Rathaus, 1905 mit Anleihen an die italienische Renaissance erbaut. Es ist geschmückt mit der goldenen Skulptur des Kopenhagengründers Bischof Absalon über dem Portal, und auf den 105 m hohen * Turm kann man auch hinaufsteigen.

Jenseits des H. C. Andersens Boulevard breitet sich das ** Tivoli (mehrere Eingänge) ❷ aus, einer der bekanntesten Vergnügungsparks der Welt und die mit Abstand meistbesuchte Sehenswürdigkeit Dänemarks. Über die Geschichte des 1843 gegründeten Parks informiert ein eigenes *Tivoli Museum* (H. C. Andersens Boulevard 22). Moderne Karussells und Spielhallen, Schieß- und Wurfbuden, Restaurants aller Preisklassen, Cafés und Bierlokale sowie die Programme mehrerer Bühnen begeistern Kinder und Erwachsene. Im wesentlichen macht aber der verspielt angelegte, exotisch wirkende Park mit unzähligen Blumen, Springbrunnen und Glühbirnen den ewig jungen Reiz des Tivoli aus (☾ Ende April bis Mitte Sept. tgl. 10–24 Uhr).

Nicht weit entfernt, am Rande der Kopenhagener „Seen", ragt das futuristisch anmutende **Tycho Brahe Planetarium** (Gammel Kongevej 10) ❸ auf, benannt nach dem dänischen Astronomen Tycho Brahe (1546–1601) und mit modernster Technologie zur Sternenprojektion und zur Omnimax-Filmvorführung ausgestattet.

Københavns Bymuseum (Vesterbrogade 59) ❹ befaßt sich mit der Geschichte Kopenhagens und in einer kleinen Sammlung mit dem Leben des Philosophen Søren Kierkegaard (1813–1855). Im Vorhof des Stadtmuseums ist die mittelalterliche Stadt im Modell aufgebaut. In die Jahre 1850–1940 zurückversetzt fühlt man sich in der angrenzenden *Absalonsgade*, einer Museumsstraße mit originalen Kiosken, Laternen, Hydranten u. s. w.

Wenige Meter westlich betritt man die Stadt **Frederiksberg**. Sonntags zieht es

26 Polyglott

KOPENHAGEN

die Kopenhagener dort in die großzügige Parkanlage *Frederiksberg Have* ❺, an deren Rand der artenreiche, interessante **Zoo** (Roskildevej 32) und das Schloß Frederiksberg liegen. Und an der Pile Allé laden volkstümliche *Gartenlokale* zu einer Rast ein. Dort wurde auch ein Irrgarten gepflanzt, dessen grüne Wände im „Kulturjahr 1996" die richtige Höhe haben sollen.

Die *Carlsberg-Brauerei ❻ steht werktags zu einer Betriebsbesichtigung – inklusive Warenprobe – offen. Die Brauereigebäude sind beachtenswerte Beispiele für die Industrieachitektur der Jahrhundertwende. Führungen bietet auch die Porzellanmanufaktur *Royal Copenhagen* (Smallegade 45) ❼ an Werktagen und lockt zudem durch günstigen Zweite-Wahl-Verkauf.

Weg 2: Vom Rathausplatz nach Christianshavn

Nahe dem Rathausplatz ❶ liegt am Dantes Plads die **Ny Carlsberg Glyptotek ❽ mit der größten Sammlung antiker Kunst in Nordeuropa; hervorragend ist auch die französische Malerei des 19. Jhs. repräsentiert (◐ Mai–Aug. 10–16 Uhr, sonst 12–15 Uhr, Mo geschlossen).

Das nahe *Nationalmuseet ❾ (Haupteingang Ny Vestergade 10) ist das bedeutendste kulturgeschichtliche Museum des Landes. Die Anfang der 90er Jahre neu gestalteten Sammlungen (bisher kaum Erläuterungen in Deutsch) führen chronologisch durch die dänische Geschichte und bieten in der völkerkundlichen Abteilung Einblicke in fremde Kulturen. Eine große Ausstellung ist speziell für Kinder konzipiert.

Über den Frederiksholms Kanal führt u. a. die hauptsächlich aus sächsischem Sandstein gebaute *Marmorbrücke* (1775) zur Schloßinsel **Slotsholm, dem Zentrum der Macht im Staate Däne-

Startsignal der Lurenbläser

Märchenhaftes Tivoli

Im Nationalmuseum

Rathausplatz mit Rathaus

Polyglott

KOPENHAGEN

mark und voller Sehenswürdigkeiten. ***Schloß Christiansborg** beherbergt u. a. das Parlament *Folketing* ❿ und die *Königlichen Repräsentationsgemächer* ⓫ (Führungen). Das Schloß, das 1928 bezogen wurde, ist das fünfte an dieser Stelle. Vom ältesten, der Burg Absalons aus dem 12. Jh., sind noch Fundamente im Keller unter dem *Turm* ⓬ zu besichtigen. Im Seitenflügel an der *Reitbahn* ⓭ ist ein *Kutschenmuseum* ⓮ und im ehemaligen Hoftheater passenderweise ein *Theatermuseum* ⓯ untergebracht. Die klassizistische *Schloßkirche* ⓰ wurde nach einem Brandschaden von 1992 sorgfältig restauriert.

Einzig und allein dem seinerzeit hochgeschätzten Bildhauer Bertel Thorvaldsen (1770–1844) gewidmet ist das ****Thorvaldsen Museum** ⓱. Sein komplettes Schaffen klassizistischer Skulpturen wird hier entweder im Original oder als Gipsabguß gezeigt. In der umgebauten Remise ist der Künstler auch bestattet. Ein Fries an den Außenwänden zeigt seine Rückkehr nach jahrzehntelangem Aufenthalt in Rom.

Vom Museum Richtung Zentrum hat man eine der schönsten Stadtansichten beim Blick auf *Gammel Strand* ⓲, wo auch Hafenrundfahrtboote anlegen. Das Reiterstandbild auf dem *Christiansborg Slotsplads* ⓳ zeigt König Frederik VII., der auf die *Holmenskirke* ⓴ schaut. Sie entstand 1619 im Auftrag von König Christian IV. aus einer Ankerschmiede.

Die zum Hafen gewandte Seite der Schloßinsel begrenzen die *Königliche Bibliothek* ㉑ von 1906 und mehrere Bauten aus der Epoche von Christian IV., darunter das *Zeughaus* ㉒ in dem ein Museum Militaria aus vier Jahrhunderten zeigt, sowie eines der schönsten Renaissancegebäude Europas, ***Børsen** (Börse) ㉓, deren Turm aus vier ineinander verdrehten Drachenschwänzen ein markanter Bestandteil der Stadtsilhouette ist.

Christianshavn auf der Insel Amager wirkt wie ein Klein-Amsterdam mit

idyllischen Kanälen und schöner alter Bausubstanz. Unter anderem haben hier das Ausstellungszentrum für Architektur und Design *Gammel Dok* (Strandgade 27B) ㉔ und das ***Orlogmuseet** (Marinemuseum; Overgaden oven Vandet 58) ㉕ ihre Domizile. Überragt wird das Viertel vom eigenwilligen Turm der ***Vor Frelsers Kirke** (Erlöserkirche; Sankt Annægade) ㉖, der außen eine Wendeltreppe besitzt. Auf Teilen der ehemaligen Stadtbefestigung existiert seit 1971 der *Freistaat Christiania* ㉗, ein von Hausbesetzern aufgebautes und später von den Behörden toleriertes „soziales Experiment", das zum Vorbild für selbstverwaltete Projekte junger Aussteiger in ganz Europa wurde. Im Norden schließt der ehemalige Flottenstützpunkt *Holmen* mit rund 40 denkmalgeschützten Bauten aus den vergangenen drei Jahrhunderten an. Zu Beginn der 90er Jahre erbte die Stadt Kopenhagen das Gelände von der Marine und plant nun, es für den Tourismus zu öffnen.

Weg 3: Vom Rathausplatz zur Meerjungfrau

Am Rathausplatz ❶ beginnt die Fußgängerzone ***Strøget,** der „Strich" ㉘. Über 1,8 km zieht er sich durch die Innenstadt, eine aus verschiedenen Straßen und Plätzen bestehende Flanier- und Einkaufsmeile mit dem 1993 neu gestalteten ***Amagertorv,** der Storchenbrunnen dort ist allerdings schon 100 Jahre alt. Beim Haus Amagertorv 6 ist schwer zu sagen, was eher ins Auge fällt: der markante Renaissancegiebel oder die Verkaufsausstellung der *Königlichen Porzellanmanufaktur.* Rechts und links wurden auch andere Straßen (Købmagergade, Strædet) verkehrsberuhigt und bilden ein Netz von Fußgängerzonen. Das *Museum Erotica* (Købmagergade 24) ㉙ begründet seine Existenz mit der einstigen Vorreiterrolle Dänemarks und Kopenhagens bei der Liberalisierung der Pornographie Ende der 70er Jahre in Europa und zeigt Geschichte, aber

28 Polyglott

KOPENHAGEN

auch moderne, teils sehr drastische Darstellungsformen der Erotik. Schön und fast immer von Leben erfüllt ist der von Bürgerhäusern des 18. Jhs. und beliebten Kneipen gesäumte romantische *Gråbrødretorv ③.

Strøget selbst trifft schließlich auf den *Kongens Nytorv ③, einen im 17. Jh. großzügig angelegten Platz, an dem u. a. das *Königliche Theater* von 1874 und das im Stil des niederländischen Barock 1672–1683 erbaute Schloß *Charlottenborg zu finden sind, seit 1753 Sitz der Kunstakademie.

An den Platz stößt schließlich der malerische Stichkanal **Nyhavn ③. Diese 1673 geschaffene Hafenerweiterung ist heute bevorzugter Liegeplatz von Oldtimerschiffen, und nach einem Bummel entlang der Ankerplätze hat man die Qual der Wahl unter den vielen Kneipen am Hafenufer – das Angebot reicht von der Kellerkneipe bis zum Toprestaurant. H. C. Andersen liebte dieses Viertel und wohnte jeweils einige Zeit in den Häusern Nyhavn 18, 20 und 67.

Zu einem Schmuckstück Kopenhagens hat sich in den letzten Jahren die **Hafenpromenade ③ entwickelt. Den beeindruckenden Kornspeicher von 1780 nutzt jetzt das *Copenhagen Admiral Hotel,* und vor dem Westindischen Packhaus von 1781 mit der weltweit einzigartigen *Den Kongelige Afstøbningssamling* (ca. 2000 Gipskopien berühmter Skulpturen vom alten Ägyptischen Reich bis ca. 17. Jh.) steht eine 6 m hohe Bronzekopie von *Michelangelos David.*

Der moderne Park Amalienhave trennt die Hafenpromenade von **Schloß Amalienborg ③, der Residenz der königlichen Familie. 1749 bis 1760 entstanden die vier gleichen Rokokopalais für Adelsfamilien, aber nach einem Brand auf Christiansborg 1794 übernahm sie die königliche Familie. Das Chri-

Turm der Börse

Eingang der Königlichen Bibliothek

Frederik V. vor Amalienborg

Polyglott **29**

KOPENHAGEN

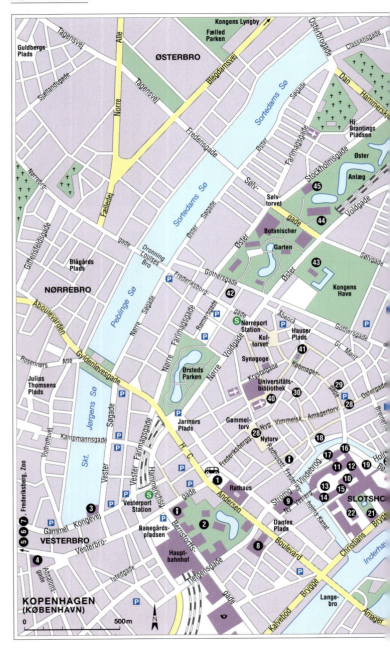

KOPENHAGEN

Weg 1
1. Rathausplatz
2. Tivoli
3. Tycho Brahe Planetarium
4. Stadtmuseum
5. Frederiksberg Have
6. Carlsberg-Brauerei
7. Royal Copenhagen

Weg 2
8. Ny Carlsberg Glyptotek
9. Nationalmuseum
10. Folketing
11. Königliche Repräsentationsgemächer
12. Turm von Schloß Christiansborg
13. Reitbahn
14. Kutschenmuseum
15. Theatermuseum
16. Schloßkirche
17. Thorvaldsen Museum
18. Gammel Strand
19. Christiansborg Slotsplads
20. Holmenskirke
21. Königliche Bibliothek
22. Zeughaus
23. Börse
24. Gammel Dok
25. Orlogmuseet
26. Vor Frelsers Kirke/Erlöserkirche
27. Freistaat Christiania

Weg 3
28. Strøget
29. Museum Erotica
30. Gråbrødretorv
31. Kongens Nytorv
32. Nyhavn
33. Hafenpromenade
34. Schloß Amalienborg
35. Marmorkirche
36. Kunstindustriemuseum
37. Freiheitsmuseum
38. Kleine Meerjungfrau
39. Langeliniekaj

Weg 4
40. Vor Frue Kirke
41. Runder Turm
42. Arbeitermuseum
43. Schloß Rosenborg
44. Staatliches Kunstmuseum
45. Hirschsprungsche Sammlung

Polyglott **31**

KOPENHAGEN

stian VIII.-Palais ist der Öffentlichkeit als „Glücksburger-Museum" zugänglich, das die Fortsetzung der Rosenborgsammlungen (s. u.) ab der Epoche Christians IX. (1863–1906) bildet. Ist die Königin anwesend, findet um 12 Uhr auf dem Schloßplatz mit großem, sonst mit kleinem Zeremoniell die Wachablösung statt.

Von seinem Denkmal in der Platzmitte scheint Frederik V. auf die Kuppel der *** Marmorkirche** ❸ zuzureiten. Der korrekte Name lautet Frederiks Kirke. An ihr wurde fast 150 Jahre gebaut, weil erst 1894 ein bürgerlicher Sponsor die Mittel aufbrachte, sie fertigzustellen – um ein Drittel kleiner als geplant und mit viel mehr Kalkstein als Marmor.

Über die Bredgade gelangt man zum 1890 gegründeten **** Kunstindustriemuseet** ❸, das Handwerk und Design vom Spätmittelalter bis zur Gegenwart zeigt und die beste Sammlung japanischen Kunsthandwerks außerhalb Japans aufgebaut hat (◷ Di–So 13–16 Uhr).

Auf dem Weg Richtung Hafen, vorbei am *Frihedsmuseet* (Freiheitsmuseum) ❸, der englischen Kirche sowie dem imposanten Gefions-Brunnen, kommt man zur Langelinie Promenade mit der berühmten **** Lille Havfrue** (Kleine Meerjungfrau) ❸, der lebensgroßen Skulptur, die Edvard Eriksen 1913 nach der Kleinen Meerjungfrau aus Andersens gleichnamigen Märchen schuf. Weiter nach Norden wandelt sich die Promenade zum *Langeliniekaj* ❸, dem Anleger für Kreuzfahrtschiffe, der gerade neu gestaltet wird.

Weg 4: Vom Rathaus zum Staatlichen Kunstmusem

Vom Rådhusplads ❶ sind es nur wenige Meter über Strøget ❷ zum *Gammel Torv* (Alter Markt), mit dem verspielten Caritasbrunnen von 1608. Von dort sieht man schon die **Vor Frue Kirke** (Liebfrauenkirche) ❹, die klassizistische, 1829 fertiggestellte Kopenhagener Domkirche mit ihrem auffallen-

den Turm. Die Kunstwerke im Kirchenschiff stammen von den Bildhauern Thorvaldsen, Bissen und Jerichau.

Der *** Runde Tårn** (Købmagergade) ❹ gehört zu den unter Christian IV. entstandenen Bauten, und den goldenen Rebus in der Stirnseite entwarf Christian sogar eigenhändig. 209 m lang windet sich im Inneren eine Rampe hinauf zur Spitze mit der kleinen Sternwarte, nur die letzten Meter zur Aussichtsplattform muß man Treppen steigen.

Einmal nichts mit königlichen Erinnerungsstücken zu tun hat das *** Arbejdermuseum** (Rømersgade 22) ❹. Beispielhaft für moderne Volkskunde führt es das Leben der Arbeiterklasse im späten 19. Jh. und im 20. Jh. vor Augen. In einer Bierhalle von 1892 bekommt man Speisen und Getränke wie in alten Tagen – aber zu Preisen von heute.

Nördlich liegen der *Botanische Garten* mit schönen Palmenhäusern und am Rande der Grünanlage Kongens Have **** Rosenborg Slot** ❹. 1606–1617 im Stil der niederländischen Renaissance errichtet, beherbergt das Schloß in chronologischer Folge Erinnerungszimmer an die Regenten von Christian IV. (ab 1588) bis Frederik VII. (bis 1863) und deren Epochen. Hier sind auch die Kronjuwelen ausgestellt (◷ Juni–Aug. 10–16, Sept.–Okt. und April–Mai 11–15, sonst Di, Fr und So 11–14 Uhr).

Jenseits der Kreuzung von Øster Voldgade und Solvgade breitet sich der Komplex des **** Statens Museum for Kunst** ❹ aus. Das Staatliche Museum für Kunst besitzt Werke der Malerei und Plastik aller wesentlichen nordischen und gesamteuropäischen Kunstrichtungen seit dem 14. Jh. Das Museumsgebäude wird derzeit erweitert und renoviert, die Wiedereröffnung ist für den Sommer 1998 geplant. Nördlich des Museums, im Park Østre Anlæg, zeigt die *** Hirschsprungsche Sammlung** (Stockholmsgade 20) ❹ in erster Linie dänische Malerei des 19. Jhs und des frühen 20. Jhs.

32 Polyglott

KOPENHAGEN

Praktische Hinweise

❶ Københavns Turistinformation (☎ 33 11 13 25, 📠 33 93 49 69) und Zimmervermittlung (☎ 33 12 28 80), Bernstorffsgade 1, 1577 Kopenhagen K.

use it (Auskunft und Zimmervermittlung für junge Leute): Rådhusstræde 13, im Kulturzentrum „Huset", 1466 Kopenhagen K, ☎ 33 15 65 18.

Aktuelle Adressen, Öffnungszeiten und Veranstaltungshinweise veröffentlicht jeden Monat die Touristenzeitschrift „Copenhagen this week"; eine deutschsprachige Version erscheint einmal pro Saison.

Stadtrundfahrten: Täglich verschiedene Touren durch die Stadt und ins Umland.

Hafenrundfahrten: ab Gammel Strand ⓲ und Nyhavn ㉜; einige Boote fahren im Linienverkehr (preiswerte Tagestickets).

Stadtwanderungen: April–Oktober meist in Englisch; Details im ❶-Büro.

Busse und Bahnen im Hauptstadtbereich (Kopenhagen samt großer Teile Nord- und Ostseelands) sind zu einem Tarifverbund zusammengeschlossen, der günstige Mehrfachkarten (Rabattkort) und 24-Std.-Netzkarten anbietet. Die Copenhagen Card (1, 2 oder 3 Tage für 140–295 DKK) gewährt freie Fahrt auf Bussen und Bahnen sowie freien bzw. ermäßigten Eintritt zu rund 60 Museen der Region plus Rabatte bei Überfahrten nach Schweden.

✈ København Kastrup (s. S. 25), Flughafenbus ab und zum Hauptbahnhof Tivoliseite. Von 1998 an Bahn und S-Bahn direkt bis zum Flughafen.
🚆 Verbindungen mit allen Teilen Dänemarks sowie Schweden, Norwegen und Deutschland.
🚌 Nach Schweden, Kiel und Bornholm ab Hauptbahnhof; Linien nach Jütland ab verkehrsgünstig gelegenen S-Bahnstationen.

Eine berühmte Dänin

Kronjuwelen Dänemarks

Schloß Rosenholm

Polyglott **33**

KOPENHAGEN

🚢 Diverse Linien (auch Schnellboote, 45 Min.) nach Schweden, Luxusfähren nach Oslo.

🏨 Hotels

Copenhagen Admiral Hotel, Tolboldgade 24–28, 1253-Kopenhagen K, ☎ 33 11 82 82, 📠 33 32 55 42. Viel Atmosphäre direkt am Hafen. ⑤⑤
Webers Hotel, Vesterbrogade 11B, 1620-Kopenhagen V, ☎ 31 31 14 32, 📠 31 31 14 41. Von Stammgästen geschätzt, zentral und individuell. ⑤⑤ im Sommer ⑤
Ibsens Hotel, Vendersgade 23, 1363 Kopenhagen K, ☎ 33 13 19 13, 📠 33 13 19 16. Liebevoll eingerichtetes, gemütliches Stadthotel mit individuellem Service in zentraler und schöner Lage nahe der Seen. Im Sommer ⑤
Hotel Cap Inn Copenhagen, Danasvej 32–34, 1910 Frederiksbjerg, ☎ 31 21 04 00, 📠 31 21 74 09. Discounthotel am Rande des Zentrums. ⑤
Copenhagen Youth Hostel, Vejlandsallé 200, 2300 Kopenhagen S, ☎ 32 52 29 08, 📠 32 52 27 08. Herberge mit 144 Familienzimmern, verkehrsgünstig nahe der Autobahn aus Süden gelegen. ⑤

🏨 Restaurants

Kopenhagen besitzt mehr als 2000 Restaurants aller Preisklassen, Qualitäten und multikulturellen Spielarten.
Kong Hans' Kælder, Vingårdsstræde 6, ☎ 33 11 68 6. Gehört zur Topgastronomie des Landes. ⑤⑤
Els, Store Strandgade 3, ☎ 33 14 13 41. Gehobene Klasse, sehr romantisch. ⑤⑤
Færgen Sjælland, Ende der Vester Voldgade, ☎ 33 13 43 30. Die zum Restaurantschiff umgebaute Fähre biete Musik plus Essen in ungewöhnlichem Rahmen. ⑤⑤–⑤
Peder Oxe, Gråbrødre Torv, ☎ 33 11 00 77. Die Institution mit Super-Salatbuffet. ⑤
Ida Davidsen, St. Kongensgade 70, ☎ 33 91 36 55. Die Smørrebrød sind schon legendär. ⑤

Lille Lækkerbisken, Gammel Strand 34, ☎ 33 32 04 00. Ebenfalls hervorragende Smørrebrød zur Frokostzeit. ⑤
Rust Spisehus, Guldbergsgade 8, ☎ 35 36 65 33. Unkonventionell, nach dem Kremlflieger benannt. ⑤
Spiseløppen, Bådmandstræde 32, in einem alten Depotgebäude am Rande des Freistaats Christiania, ☎ 31 57 95 58. Ausgezeichnete Küche. ⑤

Jeweils rund drei Dutzend Lokale verschiedener Preisklassen bewirten in den Vergnügungsparks Bakken und Tivoli. Das touristisch unentdeckte Kopenhagen erlebt man im Viertel *Nørrebro* zwischen Blågårds Plads und Skt. Hans Torv, mit schönen Restaurants, netten Szenekneipen und unzähligen kleinen Spielstätten für Live-Musik.

Kopenhagens berühmte Jazzszene erlebt man unter anderem im **Copenhagen JazzHouse** (Niels Hemmingsensgade 10), im **Jazzhus Slukefter** (Vesterbrogade 4) oder im tradionsreichen **LaFontaine** (Kompagnistræde 11). Wer Oldies mag, ist in der Disko **Woodstock** (Vestergade 12) richtig. Wer mehr auf Computer steht, kann im **Cafe Internet** (Zinnsgade 1) gepflegt surfen.

Sehenswürdigkeiten in den Vororten

Im nördlichen Stadtteil **Charlottenlund** (10 km) kann man einen Tag auf der Rennbahn oder im schönen Strandbad mit einem Besuch im *Danmarks Akvarium* verbinden. Es zeigt Meerestiere aus aller Welt, vor allem aber aus heimischen Gewässern.

Abkühlung in den Fluten des Øresunds findet man auch im *Bellevue Strandbad* in **Klampenborg** (14 km, Station von Küsten- und S-Bahn). Das weitläufige Wildgehege **✶✶Dyrehaven** mit dem Jagdschloß *Eremitagen* und dem ältesten dänischen Vergnügungspark **✶✶Bakken** (Saison: März–August) bietet bei schönem Wetter genug Abwechslung für einen Ganztagsausflug.

Kongens Lyngby (50 000 Einw., 15 km, auch S-Bahn), eine eher moderne Vor-

34 Polyglott

KOPENHAGEN

stadt, überrascht mit unerwarteter Altstadtidylle rund um die Kirche. Attraktionen sind Bootsfahrten mit *Oldtimerschiffen* auf den Seen Lyngby Sø, Bagsværd Sø und Furre Sø, wo man sich auch Kanus leihen kann. Per Boot, aber auch auf der Straße, läßt sich der Herrensitz *Sophienholm am Ufer des Bagsværd Sø ansteuern, der heute für Ausstellungen genutzt wird. Zu den wenigen permanenten Kunstwerken zählen das Deckengemälde *„Cobra Loftet", ein Gemeinschaftswerk von CoBrA-Künstlern (s. S. 17), und die Mammutvase von Peter Brandes.

Idylle vor den Toren Kopenhagens: Kongens Lyngby

Im Norden von Kongens Lyngby findet man einige Topsehenswürdigkeiten: Die alte Fabrik von *Brede (1783 bis 1956 in Betrieb) gilt als Wiege der dänischen Industrialisierung und ist heute eine Abteilung des Nationalmuseums mit Schwerpunkt Industrialisierung und Kleidung, denn Brede war zuletzt eine Textilfabrik. Außerdem wechseln sich regelmäßig große Themenausstellungen ab. Gleich nebenan sind im Freilichtmuseum **Sorgenfri ländliche Häuser aus allen Teilen Dänemarks und ehemaligen Provinzen aufgebaut. Und das *Mølleådalen (Tal des Mühlbachs) steht als erste dänische Industrieregion unter Denkmal- bzw. Naturschutz und ist ein idyllisches Naherholungsgebiet.

Unter dem Reetdach halb versteckt: Haus im Freilichtmuseum

Von Lyngby über Birkerød erreicht man das Städtchen *Hillerød* (37 km; auch S-Bahn; 25 000 Einw.) im Herzen Nordseelands. Schloß **Frederiksborg, das wie viele großartige Renaissancebauten auf Christian IV. zurückgeht, wurde 1859 nach einem Großbrand mit finanzieller Unterstützung der Bierbrauerdynastie Jacobsen wiederaufgebaut. Heute ist es Sitz des dänischen Nationalhistorischen Museums. Besonders schöne Räume sind ein Audienzsaal, ein Rittersaal und die beim Brand unversehrt gebliebene Schloßkirche.

Audienzsaal von Schloß Frederiksborg

Polyglott **35**

**Odense

Zwischen H. C. Andersen-Idylle und moderner Kunst

Die Universitätsstadt (140 000 Einw.; 180 000 mit Umland) ist Zentrum der Insel Fünen. Aus einer Kultstätte für den nordischen Hauptgott Odin hervorgegangen, wird Odense 988 erstmals erwähnt. 1086 wird in der Skt. Albani Kirke – nicht identisch mit der katholischen Kirche gleichen Namens, die erst Anfang dieses Jahrhunderts entstand – König Knud ermordet. Seine Heiligsprechung macht Odense zum Wallfahrtsort. Der Bau eines Hafens 1804 bringt wirtschaftlichen Aufschwung.

Den Stadtbummel durch die liebevoll gepflegte Aldstadt Odenses kann man beim Informationsbüro im *Rådhus* ❶ (Rathaus, Flakhaven) beginnen. Südlich ragt die gotische *Skt. Knuds Kirke* ❷ auf. Den figurenreichen vergoldeten Prachtaltar schuf der gebürtige Lübecker und Wahlodenser Claus Berg anno 1521. In der Krypta befinden sich Königsgräber aus dem 16. Jh. und Reliquien Knuds des Heiligen.

Ganz bescheiden ist auch heute noch das kleine Fachwerkhaus *H. C. Andersen Barndomshjem* (Munkemøllestræde 3–5) ❸, wo H. C. Andersen vom 2. bis zum 14. Lebensjahr seine ärmliche Jugend verbrachte.

Møntergården ❹ (Der Münzhof, Overgade 48–50), ein Komplex von Fachwerkbauten aus dem 16. und 17. Jh., beherbergt das umfangreiche stadtgeschichtliche Museum und eine ausgezeichnete Sammlung historischer Münzen.

Von dort ist man nach wenigen Schritten in einem liebevoll renovierten ehemaligen Armenviertel, das nach Osten

vom Kongreßzentrum mit Konzerthalle, Hotel, *Kasino* und dem **Carl Nielsen Museum** ❺ (Claus Bergs Gade 11) abgegrenzt wird. Der Komponist Carl Nielsen (1865–1931) ist Odenses zweitberühmtester Sohn, an den berühmtesten erinnert das **H. C. Andersens Hus** ❻ (Hans Jensens Stræde 37–45). Sein angebliches Geburtshaus ist eine regelrechte Kultstätte für Fans des Märchendichters: Dokumente, Briefe, persönliche Gegenstände, Andersen-Ausgaben aus aller Welt und eine Hörbibliothek geben Einblick in sein Leben und sein Werk (☉ Juni–Aug. tgl. 9–18 Uhr, sonst tgl. 10–16 Uhr).

Das *Jernbanemuseet* ❼ (Eisenbahnmuseum, Dannebrogsgade 24; Fußgängerdurchgang vom Bahnhof) in einem alten Lokomotivschuppen ist stolz auf die sehenswerten alten Lokomotiven und vor allem mehrere ehemalige Salonwagen dänischer Könige.

Brandt's Klædefabrik ❽ (Brandts Passage 37–43), eine ehemalige Textilfabrik am Westrand des Stadtkerns, entwickelte sich zur größten Attraktion Odenses: Die *Kunsthalle,* die immer wieder mit großen Wechselausstellungen Aufsehen erregt, das *Museum für Fotokunst* und ein Druckerei- und Pressemuseum, in dem werktags Satz- und Drucktechniken vorgeführt werden, haben sich im Hauptgebäude über mehrere Etagen ausgebreitet; *Tidens Sammling,* eine Ausstellung über Kleidung und Wohnen von der Jahrhundertwende bis in die 70er Jahre, ist in einem Nebengebäude untergebracht (☉ Kernöffnungszeit der Museen tgl. 10 bis 17 Uhr; Sept.–Juni zum Teil Mo geschl.). Darüber hinaus machen ein Programmkino, ein Café-Restaurant und eine Open-air-Bühne sowie mehrere Lokale den Komplex zu einem lebendigen Kulturtreff fast rund um die Uhr.

Weiter südlich erreicht man den Anleger der *Odense Åfart* ❾. Die Bootsfahrt (Juni–Mitte Aug.) ist die schönste Art, *Odenses Zoo* oder das Freilichtmuseum *Den Fynske Landsby* ❿ (Das fünische

36 Polyglott

ODENSE

Dorf, Sejerskovvej 20) zu erreichen. Mehr als 20 ländliche Gebäude aus Fünen sind hier aufgebaut, in vielen wird altes Handwerk demonstriert (◌ April bis Mai und Sept.–Mitte Okt. 10 bis 17 Uhr, Juni–Aug. 10–19 Uhr).

Noch weiter südlich (ca. 8 km vom Zentrum, gute Busanbindung), besitzt das **Museumscenter Hollufgård** ⑪ (Hestehaven 201) u. a. einen Skulpturenpark, ein Museum zur Früh- und Vorgeschichte Fünens und nachgebaute Häuser der Bronze- und Wikingerzeit.

❶ Rådhus
❷ Skt. Knuds Kirke
❸ H. C. Andersen Barndomshjem
❹ Møntergården
❺ Carl Nielsen Museum
❻ H. C. Andersens Hus
❼ Jernbanemuseet
❽ Brandt's Klædefabrik
❾ Odense Åfart
❿ Den Fynske Landsby
⑪ Museumscenter Hollufgård

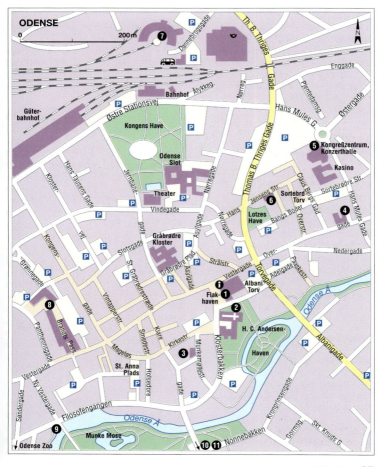

Polyglott **37**

ODENSE

Der Märchenmann: H. C. Andersen

Überall in Odense stößt man auf den Namen Hans Christian Andersen, der selbst die Kürzelform H. C. Andersen bevorzugte. Auf Neudeutsch ist er ein Megastar, gern vermarkteter Imageträger eines Puppenstubendänemark und in vielen Ländern bekannter als sein Heimatland. Über 150 Märchen hat er für Kinder und Erwachsene der Welt geschrieben, und fast alle können sie in ihrer eigenen Sprache lesen, kaum ein Schriftsteller wurde so oft übersetzt.

Um die Person Andersens ranken sich Legenden, weil das frühe 19. Jh. seine Karriere vom Unterklassenkind zum gefeierten und hofierten Literaten eigentlich nicht zuließ: Mal gilt er als unehelicher Sproß von König Christian VIII., mal ist er nur von einem Adeligen gezeugt. Die Fakten: Andersen wird am 2. April

1805 als Kind einer Waschfrau und eines Flickschusters in Odense geboren und wächst in ärmlichsten Verhältnissen auf. Mit 14 reist er nach Kopenhagen und versucht sich erfolglos als Schauspiel- und Ballettschüler am Königlichen Theater. Erst als Märchendichter schafft der Ehrgeizige den Durchbruch zu Weltruhm, während seine Arbeiten in anderen literarischen Gattungen sowie seine Zeichnungen und Scherenschnitte kaum bekannt sind.

Meist lebte Andersen auf Gütern adeliger Gönner überall im Lande, oder es drängte ihn in die Nähe des Königlichen Theaters in Kopenhagen. In der Hauptstadt liegt er seit 1875 begraben, doch die wichtigsten Erinnerungen an den berühmtesten Dänen aller Zeiten hat sich Odense gesichert.

Praktische Hinweise

ℹ️ im Rathaus, 5000 Odense C,
☎ 66 12 75 20, 📠 66 12 75 86;
Stadtrundfahrten Juni–Aug.
Odense Eventyrpas (Märchenpaß) verschafft freien oder ermäßigten Eintritt bei Sehenswürdigkeiten sowie freie Fahrt mit öffentl. Verkehrsmitteln.
✈ Odense Lufthavn 12 km nördlich.
🚆 Hauptstrecke Kopenhagen–Jütland; Nebenstrecke nach Svendborg.
🚌 Über Land u. a. nach Gedser und Hamburg (Sommer); Regionalverkehr in alle Teile Fünens.

🏨 Hotels

Odense Plaza, Østre Stationsvej 24,
☎ 66 11 77 45, 📠 66 14 41 45.
Traditionsreiches Stadthotel mit viel Atmosphäre und guter Küche. ⑤⟩⟩
Missionshotel Ansgar, Østre Stationsvej 32, ☎ 66 11 96 93, 📠 66 11 96 75.
Solide und einfach. ⑤
Odense Vandrerhjem Kragsbjerggården, Kragsbjergvej 121,

☎ 66 13 04 25, 📠 65 91 28 63. Herberge in idyllischem Fachwerkgutshof mit knapp zwei Dutzend Familienzimmern. ⑤
△ **Odense Campingplads,** Odensevej 102, ☎ 66 11 47 02. Hütten und Tennisplatz.

🍴 Restaurants

Marie Louise, Vestergade 70–72,
☎ 66 17 92 95. Zählt zu Dänemarks Toprestaurants mit französisch beeinflußter Küche. ⑤⟩⟩
Brandt's Restaurant in Brandt's Klædefabrik, ☎ 66 14 00 49. Spricht mit guter Küche und lebendiger Atmosphäre an. ⑤
Sortebro Kro, ☎ 66 13 28 26. Vorzüglich speisen im Interieur des 19. Jhs. Der Kro ist Teil von Fyns Landsby, aber auch abends geöffnet. ⑤

Kunst und Natur vereint
Bjørn Nørregaards „Traumschloß" in
Nordjyllands Kunstmuseum, Aalborg

38 Polyglott

*Aalborg

Akvavit und Dänemarks längste Theke

Mit 115 000 Einwohnern (155 000 mit Umland) ist Aalborg – oder Ålborg in der ungeliebteren Schreibweise – Dänemarks viertgrößte Stadt. Schon in der Eisen- und Wikingerzeit gab es hier am Limfjord eine bedeutende Siedlung, wie der Grabplatz Lindholm Høje eindrucksvoll belegt. Die günstige Lage machte Aalborg, das 1342 Stadtrechte bekam, schon früh zu einer mächtigen Handelsstadt und später zu einem wichtigen Industriestandort; Aalborger Akvavit, ein Kümmelschnaps, ist ein Exportschlager.

Sehenswürdigkeiten

Jens Bangs Stenhus ❶ (Østerågade 9) gilt als schönstes bürgerliches Renaissancehaus Nordeuropas und zeugt vom damaligen Reichtum der Aalborger Kaufleute. Immerhin ist das Backsteingebäude 1624 fünf Stockwerke hoch mit fünf prachtvollen Giebeln errichtet worden Der Legende nach ließ Bauherr Bang seinem Frust, nie Stadtrat geworden zu sein, freien Lauf: Vom Südgiebel streckt eine Fratze, die seine Züge trägt, die Zunge zum benachbarten **Rådhus ❷** (Gammel Torv) aus. Das jetzige Rathaus im Stil des Spätbarock ersetzt seit 1762 einen Vorgängerbau.

Wenige Schritte entfernt ragt der mit einer barocken Spitze versehene Turm der **Skt. Budolfi Domkirke ❸** auf. Um 1400 wurde sie auf Resten einer romanischen Kirche erbaut und dann immer wieder erweitert. Daß der Dom dem englischen Seefahrer-Heiligen Botulphus geweiht ist, dokumentiert die mittelalterlichen Beziehungen der Limfjordregion mit England.

Aalborgs Historiske Museum ❹ (Algade 48), das historische Stadtmuseum, zeigt u. a. ein original möbliertes *Renaissance-Zimmer* von 1602 und eine bedeutende Glassammlung.

Etwas weiter nördlich breitet sich der gemütliche **C. W. Obels Plads ❺** aus, auf dem im Sommer Straßencafés aufgebaut sind. Das angrenzende *Heiliggeistkloster*, 1431 gegründet und damals wie heute ein Seniorenzentrum, ist Dänemarks älteste bestehende Sozialeinrichtung. Bei Führungen (Juni–Aug.) kann man historische Räume und Fresken besichtigen.

Nach Norden verläßt man den C. W. Obels Plads über einen Durchgang zur Einkaufstraße *Bispensgade*, von der dann die **Jomfrue Ane Gade ❻** abzweigt, Dänemarks „längste Theke", mit lauten Diskos, Restaurants verschiedener Standards, Cafés und Bierstuben mal modisch, mal traditionell: **Faklen** (Nr. 21, ☎ 98 13 70 30, Ⓢ) und **Dufy** (Nr. 8, ☎ 98 16 34 44, Ⓢ) gehören zur gehobenen Klasse, während **Fru Jensen** (Nr. 13, ☎ 98 16 98 99) samstags ab 11 Uhr zu Dänemarks billigstem Katerbuffet bittet.

Vom Haus Nr. 6 in der Maren Turisgade gelangt man hinüber zur Østerågade 25 quer durch den Komplex des **Jørgen Olufsens Gård ❼**. Dieser Kaufmannshof aus der Renaissance, der sich zum Innenhof als Fachwerkbau und zur Østerågade mit einem reichverzierten Steingiebel zeigt, zählt zu den schönsten Häusern der Stadt.

Am Limfjord entlang nach Osten, erreicht man Schloß *Aalborghus* ❽ (Slotspladsen), im 16. Jh. in Fachwerkbauweise errichtet. Vom langgezogenen Nytorv mit modernen Geschäften und Kaufhäusern trifft man eine Parallelstraße weiter auf die Fußgängerzone Algade–Bredegade–Nørregade, an der viele kleine Läden und die *Vor Frue Kirke* ❾ liegen. Rund um die Liebfrauenkirche begeistern die besonders fotogenen Gassen Aalborgs jeden Profifotograf und Schnappschußjäger.

40 Polyglott

AALBORG

Die Vesterbrogade passiert eine der bekanntesten Kongreßhallen Nordeuropas, die *Aalborghallen* ❿ (Europa Plads), für maximal 8000 Gäste. Die Bühnentechnik bewältigt sowohl große Theatergastspiele als auch Konzerte des Aalborger Symphonieorchesters oder Auftritte von Rockstars.

Schon das 1972 fertiggestellte Gebäude des ****Nordjyllands Kunstmuseum** ⓫ (Kong Christians Allé 50), an dem der finnische Altmeister moderner Architektur Alvar Alto mitgewirkt hat, ist sehenswert. Und die Sammlung von Kunst des 20. Jhs. mit dem Schwerpunkt Dänemark oder wechselnde Ausstellungen lohnen erst recht den Besuch. Im Außenbereich laden Kunstwerke, in deren Mittelpunkt Bjørn Nør-

❶ Jens Bangs Stenhus
❷ Rådhus
❸ Skt. Budolfi Domkirke
❹ Aalborgs Historiske Museum
❺ C. W. Obels Plads
❻ Jomfrue Ane Gade
❼ Jørgen Olufsens Gård
❽ Aalborghus
❾ Vor Frue Kirke
❿ Aalborghallen
⓫ Nordjyllands Kunstmuseum
⓬ Aalborgtårnet
⓭ Søfart- og Marinemuseum
⓮ Lindholm Høje

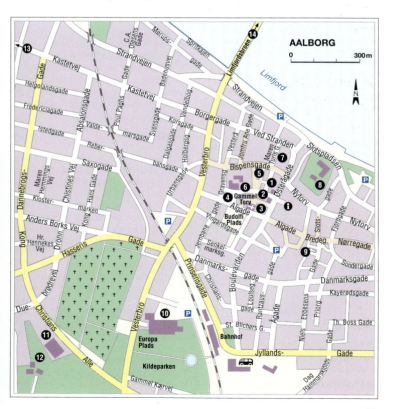

Polyglott **41**

AALBORG

gaards monumentales „Traumschloß" steht, zu einer Phantasiereise ein (○ Di–So 10 bis 17 Uhr, dann Di gratis, Juli und Aug. auch Mo).

Von einem Hügel hinter dem Kunstmuseum ragt der Aussichtsturm *Aalborgtårnet* ⑫ (Sdr. Skovvej) auf, und etwas weiter südlich wurde großzügig der *Zoo angelegt. Das *Søfart- og Marinemuseum* ⑬ (Seefahrt- und Marinemuseum, Vestre Fjordvej 81), westlich des Zentrums am Limfjordufer gelegen, ist für Technik- und Seefahrtfans ein „Muß", hier sind Originalschiffe, darunter auch ein 54 m langes U-Boot, nicht nur ausgestellt, sondern auch zugänglich.

Die bedeutendste historische Sehenswürdigkeit liegt auf der anderen Seite des Limfjord, am Rande der Nachbarstadt Nørresundby:

**Lindholm Høje ⑭ (Vendilavej 11) ist Nordeuropas größtes Gräberfeld aus der späten Eisen- und der Wikingerzeit. 682 Gräber sind auf dem Hügel nachgewiesen, ca. 150 davon Steinsetzungen in Schiffsform, außerdem Hausfundamente und sogar ein versteinerter Acker. Die Anlage wurde etwa 1050 unter einer Sanddüne be- und 900 Jahre später wieder ausgegraben. Ein *Museum informiert über die Eisen- und die Wikingerzeit (○ Freigelände tagsüber immer zugänglich, Museum und Café Ostern bis 2. Hälfte Okt. tgl. 10–17 Uhr, Rest des Jahres Di–So 10–16 Uhr).

Nicht sehr dänisch, aber sehenswert ist im Nordosten von Nørresundby das tropische *Schmetterlings Reservat* (Loftbrovej 17) in einem großen Gewächshaus.

Praktische Hinweise

❶ Aalborg Turist Bureau, Østerågade 8, 9000 Aalborg, ☎ 98 12 60 22, 🖷 98 16 69 22.

Stadtrundfahrten Mo–Fr von Ende Juni bis Ende August

↝ Ca. 5 km nordwestlich.
🚂 Hauptstrecke Fredericia–Frederikshavn.
🚌 Über Land nach Kopenhagen, Tarifverbund Lokal- und Regionalverkehr für Nordjütland.

🏨 Hotels

Scheelsminde, Scheelsmindevej 35, 9100 Aalborg, ☎ 98 18 32 33, 🖷 98 18 33 34. Angenehmes Haus in einem schönen ehemaligen Gutshof. $ⓈⒹⒹ

Scandic, Hadsundvej 200, 9220 Aalborg Øst, ☎ 98 15 45 00, 🖷 98 15 55 88. Modernes Stadtrandhotel nahe der Autobahnabfahrt 26 mit Toprestaurant. $ⓈⒹⒹ

Prinsens Hotel, Prinsengade 14–16, ☎ 98 13 37 33, 🖷 98 16 52 82. 1993 grundlegend renoviertes, mittelgroßes Stadthotel. $ⓈⒹ

Aalborg Vandrerhjem Fjordparken, Skydebanevej 50, ☎ 98 11 60 44, 🖷 98 12 47 11, bietet viele Familienzimmer (Ⓢ), dazu gehört auch ein Komfort-Campingplatz mit Hütten, außerhalb gelegen, aber gute Busanbindung.

🏛 Restaurants

Penny Lane Sankelmarksgade 9, ☎ 98 12 05 80. Bietet abseits des Kneipenviertels Fisch und Wein der Spitzenklasse. $ⓈⒹⒹ

Provence Ved Stranden 11, ☎ 98 13 51 33. Verwöhnt mit französisch inspirierter Küche, die ausgezeichnete dänische Rohwaren aus dem Meer verarbeitet. $ⓈⒹ

A Hereford Beefstouw Ved Stranden 7, ☎ 98 12 75 22. Gehört zu einer anspruchsvollen Steak-Brater-Kette. $ⓈⒹ

Layalina Ved Stranden 7–9, ☎ 98 11 60 56. Ist an der arabischen Küche orientiert. $ⓈⒹ

Den Abend kann man im **Kasino Aalborg** Ved Stranden 14–19, ☎ 98 10 15 50. In krawattenzwangloser Atmosphäre mit einem Spielchen abrunden.

** Århus

Kopenhagens Konkurrentin

Die Hafenstadt (200 000 Einw., 265 000 mit Umland) an der Ostküste Jütlands präsentiert sich als Gegenpol zur Hauptstadt Kopenhagen; etwas ironisch wird sie als „der Welt kleinste Großstadt" bezeichnet. Besonders attraktiv macht sie ihre Nähe zur Natur: im Norden und Süden Wälder, im Westen die Naturlandschaft um den Brabrandsø und im Osten die Århus-Bucht, ein Teil des Kattegats mit schönen und sauberen Stränden.

Århus geht auf eine Gründung in der Wikingerzeit zurück, wird 948 Bischofssitz und bekommt 1441 die Stadtrechte. Der Hafen und der Bau der Eisenbahn Mitte des 19. Jhs. bilden Grundlagen für die heutige Größe. Die Staatsbibliothek und die zweitgrößte Universität des Landes mit 16 000 Studenten sind in der Stadt angesiedelt, und sogar die Königin residiert in den Sommermonaten auf Schloß Marselisborg. Vom ausgezeichneten Kulturangebot profitieren Bewohner und Besucher: Århus besitzt ein Symphonieorchester und eine Oper, die für ihre Wagner-Aufführungen über Dänemarks Grenzen hinaus bekannt ist. Zur jährlichen Århus-Festwoche (s. S. 18) und anderen Festivals reisen Kulturfreunde von weit her an.

Sehenswürdigkeiten

*Århus Rådhus ❶ (Rådhuspladsen/Park Allé), ein marmorverkleideter Stahlbetonbau, ist ein Hauptwerk des Funktionalismus (1938–41), von Arne Jacobsen (s. S. 16) und Erik Møller geschaffen.

Auch innen eindrucksvoll: das Rathaus der Stadt

Liebevoll gepflegtes Erbe: Den Gamle By – Die Alte Stadt

Gotischer Altar der Domkirche

ÅRHUS

Zwei Brunnen-Skulpturen sollte man daneben nicht übersehen: Agnete und der Wassergeist vor dem Eingang zum Informationsbüro und den frech-verspielten Schweinebrunnen vor dem Hauptportal am Rådhuspladsen.

Das moderne **Musikhuset** ❷ (Musikhaus, Thomas Jensens Allé; Kartenbestellung ☎ 86 13 43 44) mit seiner transparenten Glasfront ist das Herz des Kulturlebens der Stadt. Symphoniekonzerte (Sept.–Juni), Aufführungen der „Jyske Opera" und Gastspiele weltbekannter Künstler aller Stilrichtungen stehen auf dem Programm. Moderne Kunst im Foyerbereich sowie ein Café und ein Restaurant locken unabhängig von Veranstaltungen.

Århus-Kunstgebäude ❸ (J. M. Mørksgade 13) dient für Ausstellungen und beherbergt das noch junge *Plakatmuseum* mit einem Fundus von mehreren zehntausend Plakaten aus den letzten 120 Jahren.

Der Straßenzug *Ryesgade–Søndergade–Clemens Torv,* die Einkaufszeile von Århus, wird gern wie ihr Kopenhagener Pendant „Strøget", der Strich, genannt. Er zieht sich durch das Zentrum bis zur ★ **Domkirke** ❹ (Bispetorv). Dänemarks längste Kirche entstand 1450 bis 1520 in gotischem Stil auf den Fundamenten eines romanischen Vorgängerbaus. Ein vergoldeter ★ *Flügelaltar* des Lübecker Meisters Bernt Notke von 1479 ist das Prunkstück im Inneren, interessant auch die Kalkmalereien von ca. 1500. – Mit den Lebens- und Arbeitsbedingungen von Frauen im 19. und 20. Jh. setzt sich das ★ **Frauenmuseum** (Domkirkeplads 5) auseinander, das auch häufig Ausstellungen mit Werken von Frauen zeigt.

★ **Latinerkvarteret** ❺ ist ein lebendiges, multikulturell geprägtes Viertel mit zahllosen Boutiquen, In-Cafés, urigen Kneipen und gemütlichen Restaurants.

Nach Westen ist schnell die ★★ **Vor Frue Kirke** ❻ (Liebfrauenkirche, Frue Kirkeplads) erreicht, die im 13. Jh. erbaut wurde. Vom Interieur ist der ★ *Flügelaltar* von Claus Berg (s. S. 17) mit einer turbulenten Kreuzigungsszene und ein reichverziertes Triumphkruzifix von ca. 1400 zu erwähnen. Bei Renovierungsarbeiten 1955/56 kam unter dem Chor die dreischiffige Krypta einer Vorgängerkirche von 1060 zum Vorschein, sie wurde renoviert und als ★ *Skt. Nikolai Kryptkirke* neu geweiht.

Im Südostzipfel des Vennelyst Park besitzt das ★ **Kunstmuseum Aarhus** ❼ ausgezeichnete dänische Malereien und Plastiken aus dem 18. und 19. Jh. Es gilt vor allem aber als eines der führenden Museen für moderne dänische Kunst und kann u. a. zahlreiche Werke von Per Kirkeby vorweisen. Regelmäßig werden hier große Sonderausstellungen präsentiert (☺ Di–So 10 bis 17 Uhr).

Das Kunstmuseum ist äußerlich schon den Bauten im anschließenden ★ **Universitetspark** angepaßt. Im Stil des dänischen „Backsteinfunktionalismus" errichtet, bilden sie einen harmonischen Komplex. In einem Neubau öffnete Anfang 1994 das *Steno-Museum* ❽ (C. F. Møllers Allé 2), das zwar Wissenschaftsgeschichte zum Thema hat, aber ganz modern gestaltet ist: historische Geräte zum Selbertesten und Demonstrationen, die die Besucher in Gang setzen, machen Entwicklungen in den Naturwissenschaften, der Medizin und der Astronomie verständlich.

In südwestlicher Richtung erreicht man den großzügigen *Botanischen Garten* (Peter Holms Vej) und

★★ **Den Gamle By** ❾ (Die Alte Stadt, Eugen Warmings Vej/Viborgvej). Das Freilichtmuseum befaßt sich als eines von ganz wenigen seiner Art mit Stadtkultur des 16.–19. Jhs. Rund 70 Häuser aus allen Teilen Dänemarks sind hierhin verpflanzt worden; in vielen wird traditionelles Handwerk demonstriert, in anderen kann man Ausstellungen z. B. zur städtischen Wohnkultur oder mit Spielzeug, Uhren usw. sehen (☺ Jan.–März und Nov. tgl. 11–15 Uhr,

ÅRHUS

April, Okt. und Dez. 10–16 Uhr, Mai und Sept. 9–17 Uhr und Juni–Aug. 9–18 Uhr). Opernaufführungen im alten Theater von Helsingør, das 1817 dort errichtet wurde und 1961 in die Alte Stadt „umzog", sind ein Erlebnis.

Südlich des Zentrums bietet Århus mehrere Sehenswürdigkeiten, eingebettet in eine reizvolle Park- und Waldlandschaft. Am Nordrand dieses Grüngürtels liegt der Vergnügungspark *Tivoli-Friheden* ❿ (Skovbrynet).

Nicht weit ist es von dort zum 1899 bis 1902 gebauten Schloß **Marselisborg** ⓫

❶ Rådhus
❷ Musikhuset
❸ Århus-Kunstgebäude
❹ Domkirke
❺ Latinerkvarteret
❻ Vor Frue Kirke/Liebfrauenkirche
❼ Kunstmuseum Aarhus
❽ Steno-Museum
❾ Den Gamle By
❿ Tivoli-Frihelden
⓫ Marselisborg
⓬ Forhistorisk Museum Moesgård

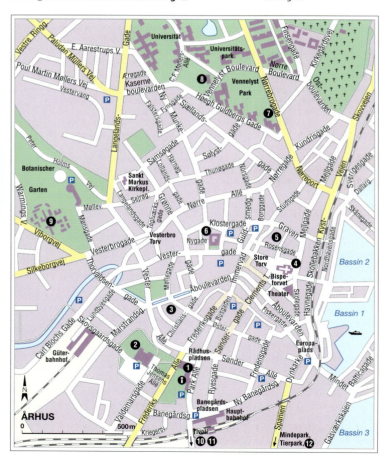

Polyglott 45

ÅRHUS

(Kongevejen 100), der Sommerresidenz der Königin. Ist sie anwesend, kann man täglich um 12 Uhr einen großen Wachwechsel miterleben. Landeinwärts vom Schloß liegt ein Forstbotanischer Garten und weiter südlich ein Tierpark *(Dyrehaven)*. Insgesamt erstrecken sich die Marselisborg-Wälder gut 10 km an der Küste entlang, und die Margeriten-Route durchzieht sie, vorbei an Wanderwegen, Stränden, einem Campingplatz und einladenden Ausfluglokalen, bis zum

** Forhistorisk Museum Moesgård ⑫ (Moesgård Allé 20, 8270 Hójbjerg). Die modern konzipierte Ausstellung führt chronologisch von der Stein- über die Bronze- und Eisen- zur Wikingerzeit. Der „Star" des Museums ist ganz sicher der **** Grauballemann,** eine 2000 Jahre alte, ausgezeichnet erhaltene Moorleiche. Andere wichtige dänische Vorzeitfunde sind als Kopien vorhanden. (○ Mai–Mitte Sept. tgl. 10–17 Uhr, sonst Di–So 10–16 Uhr). Ein ca. 4 km langer prähistorischer Lehrpfad führt vom Museum zum Meer und zurück an Häusern und Grabstätten vorbei, in deren Umgebung die passenden Kulturlandschaften rekonstruiert werden.

Praktische Hinweise

❶ Rådhuset, 8000 Århus, ☎ 86 12 16 00; 🖷 86 12 95 90; Juni–Aug. tägl. Stadtrundfahrten sowie an einzelnen Wochentagen Thementouren ab ❶-Büro.

✈ Tirstrup ca. 44 km nordöstlich auf der Halbinsel Djursland; Flughafenbus ab Hauptbahnhof 70–80 Min. vor Abflug.
🚄 Station der Hauptstrecke Fredericia–Frederikshavn; weitere Strecken nach Struer über Silkeborg, Herning, Holstebro und Viborg sowie nach Grenaa und Odder.
🚌 Über Land nach Kopenhagen; Regionalverkehr ab Rutebilstation (ZOB; Sønder Allé); 24-Std.-Touristenticket für unbegrenztes Fahren entweder auf Stadtbussen und Rundfahrten

des ❶-Büros oder auf Regionalbussen im gesamten Amt Århus inkl. Stadtbussen in Århus, Randers, Silkeborg und Grenaa.
🛳 Fähre oder Schnellboot nach Kalundborg (Seeland) mit gutem Anschluß nach Kopenhagen.

🏨 Hotels

Marselis, Strandvejen 25, ☎ 86 14 44 11, 🖷 86 11 70 46. Am Stadtrand in herrlicher Lage an der Århus Bugt, trotzdem in geringer Entfernung zum Zentrum. ⑤〉〉
Missionshotel Ansgar, Banegårdsplads 14, ☎ 86 12 41 22, 🖷 86 20 29 04. Großes Haus, zweckmäßig und zentral nahe dem Bahnhof. ⑤〉
Eriksens Hotel, Banegårdsplads 6–8, ☎ 86 13 62 96, 🖷 86 13 76 76. Einfaches Stadthotel in der Nähe des Bahnhofs und der Kongreßhalle. ⑤
Århus Vandrerhjem Pavillonen, Marienlundsvej 10, DK-8240 Risskov, ☎ 86 16 72 98, 🖷 86 10 55 60. Schön im Wald gelegen, aber dennoch relativ verkehrsgünstig. ⑤
△ **Blommehaven,** Ørneredevej 35, DK-8270 Højbjerg, ☎ 86 27 02 07. Ganzjährig geöffneter Platz, ideal für Familien, 4 km vom Stadtzentrum.

🏛 Restaurants

Le Premier, Thomas Jensens Allé, ☎ 86 12 15 34. Erstklassiges Restaurant im Foyer des Musikhauses, geöffnet von der Frokostzeit bis Mitternacht. ⑤〉〉
Queens Garden im Hotel Royal, Store Torv 4, ☎ 86 12 00 11. Erst edel speisen und anschließend im hauseigenen Kasino spielen – Jeans sollte man besser zu Hause lassen, und dafür Binder oder Fliege nicht vergessen. ⑤〉〉
Kulturgyngen, Mejlgade 53, ☎ 86 19 22 55. Gesunde Küche mit vielen vegetarischen Gerichten in einem bisweilen schrillen Musik- und Kulturzentrum – hier sollten Binder oder Fliege zu Hause bleiben, und dafür dürfen die Jeans schon Risse haben. ⑤

Route 1

Seite 51

Dänemarks Ferienküste

*Tønder – **Ribe – **Holmsland Klit – **Skagen (475 km)

Diese Route folgt Dänemarks Nordseeküste von der Grenze zu Deutschland (0 km) bis zur Landzunge **Grenen bei Skagen. Gleich zum Einstieg laden zwei schöne Städte, das beschauliche *Tønder und das mittelalterliche **Ribe, zum Verweilen ein, viele lebhaftere Hafenorte wie Hvide Sande, Thyborøn, Hirtshals und **Skagen folgen. Dazwischen führt die Route über eindrucksvolle Dünennehrungen am Ringkøbing und Nissum Fjord, an imposanten Steilküsten wie Bovbjerg Klint, Bulbjerg und Rubjerg Knude vorbei und zur gewaltigen Wanderdüne **Råbjerg Mile. Die Küstennatur steht sicher im Vordergrund, aber Kultur und Geschichte kommen nicht zu kurz: Höhepunkte sind der **Dom von Ribe, das **Strandungsmuseum in Torsminde und das **Skagen Museum mit den Hauptwerken der berühmten Skagen-Maler.

*Tønder (8000 Einw., auch Route 3), 5 km, war bis ins 16. Jh. eine bedeutende Hafenstadt und im 17. Jh. ein Zentrum europäischer Spitzenklöppelei. Vom Reichtum der Spitzenhändler zeugen Bürgerhäuser mit prächtigen Portalen. Die Stadtmitte überragt der 50 m hohe Turm der prächtig ausgestatteten *Kristkirke* (spätes 16. Jh.). Im Museumskomplex am Stadtrand kann man im kulturhistorischen *Tønder Museum* u. a. die kunstvollen Klöppelarbeiten und in *Sønderjyllands Kunstmuseum Kunst des 20. Jhs., insbes. dänischen Surealismus bewundern. Jeweils Ende August steht die Stadt ganz im Zeichen des über Dänemark hinaus bekannten Tønder-Festivals der Folkmusik.

**Ribe (7500 Einw.), 52 km, Dänemarks älteste Stadt, hat ihren historischen Charakter mit Fachwerk- und Backsteinhäusern aus dem 16. und 17. Jh. bewahrt. Ihr Wahrzeichen ist der fünfschiffige, im Kern romanische **Dom (Baubeginn 1134) aus Eifeltuffstein und Wesersandstein. Den *Chor gestaltete der CoBrA-Künstler Carl-Henning Pedersen (s. S. 17) 1982–87 mit modernen Wandmalereien, Glasmosaiken und -fenstern. Von der Spitze des alten *Bürgerturms* genießt man eine herrliche Aussicht auf Stadt und Marschen. Reiche Funde von Ausgrabungen im Stadtgebiet bilden den Fundus des neuen *Museums* für Wikingerzeit und Mittelalter, während am Südrand der Stadt ein Wikingerzentrum als arbeitende Ausstellung entsteht. Das *Ribe Kunstmuseum* ist für seine Sammlung von Gemälden aus dem „Goldenen Zeitalter" (s. S. 17) berühmt. Am urgemütlichen Restaurant „Weis' Stue" (Torvet 2, ☎ 75 42 07 00, ⓢ)) starten in der Sommersaison *Rundgänge* von Nachtwächtern, die in historischen Uniformen ihre Zuhörer auf alten Wegen zu den schönsten Häusern und anderen Sehenswürdigkeiten der Stadt geleiten und diese vorstellen (Mai–Sept., tgl. 1–2mal in den Abendstunden).

❶ Turistforening, Torvet 3–5, 6760 Ribe, ☎ 75 42 15 00, 🖷 75 42 40 78.
🚂 Nebenstrecke ab Esbjerg.

🏨 **Hotel Dagmar,** Torvet 1, ☎ 75 42 00 33, 🖷 75 42 36 52. Dänemarks ältestes Hotel von 1581 mit einmaliger Atmosphäre und Spitzenrestaurant. ⓢ))
Den Gamle Arrest, Torvet 11, ☎ 75 42 37 00, 🖷 75 42 37 22. Im bis 1989 genutzten Gefängnis stehen heute Gästebetten in originell renovierten Zellen und in der Direktorenwohnung, ⓢ.
△ **Ribe Campingplads,** Farupvej, ☎ 75 41 07 77. Ganzjährig geöffneter Platz mit Hütten- und Wohnwagenvermietung.

ROUTE 1

Westlich von Varde (12 000 Einw.) 91 km, liegen an der Küste vielbesuchte Strände und Ferienhausgebiete. Dänemarks Fernsehkoch Hans Beck Thomsen betreibt im Sommer eines der besten Restaurants an Jütlands Westküste direkt neben der Kirche von Henne Kirkeby „Henne Kirkeby Kro" Strandvejen 234, ☎ 75 25 50 30, ⑤).

Bei **Nymindegab,** 122 km, sind am Rande der Straße traditionelle Fischerhütten im Stil des 19. Jhs. wiederaufgebaut worden. Vom Beobachtungsturm aus lassen sich unzählige gefiederte Gäste des bedeutenden *See- und Watvogelreservats* auf der flachen Halbinsel Tipperne sehr gut beobachten.

Detail vom „Schneckenhaus" in Thyborøn

Die 35 km lange und extrem schmale Dünennehrung ****Holmsland Klit,** eine der beliebtesten Ferienhaus- und Campingregionen ganz Dänemarks, trennt die Nordsee vom Surferparadies Ringkøbing Fjord. 1931 schuf man bei Hvide Sande (3400 Einw.; 🚢 im Sommer nach Ringkøbing), eine künstliche Verbindung zwischen Fjord und Meer. Im Umfeld der mächtigen Schleusenanlage entwickelte sich ein quirliger Fischerort. Frühaufsteher können werktags um 7 Uhr die ***** *Fischauktionen* miterleben. Natürlich gibt es hier auch ein Fischereimuseum mit Salzwasseraquarium im *Fiskeriets Hus* (Nørregade 2B, 6960-Hvide Sande, dort auch ❶ -Büro). Das imponierende Küstenpanorama von Holmsland Klit überblickt man besonders gut vom 38 m hohen Leuchtturm ***** *Nørre Lyngvig,* 148 km.

Sønderving, 156 km (auch Route 5), ist ein typischer Badeort der Westküste: Wenige Einwohner – viele Ferienhäuser und Appartementanlagen. Nordwärts riegeln bis zu 30 m hohe Dünen den Blick aufs Meer ab, doch eine gute Aussicht bietet sich bei der weithin sichtbaren Seebarke, 163 km, auf Höhe des Stadils Fjord. Die ihm abgerunge-

Haus im traditionellen Stil bei Nymindegab

Beliebte Klöppelspitzen

Polyglott **49**

ROUTE 1

nen Ackerflächen und Wiesen sind ein bekannter Rastplatz für Zugvögel wie die Kurzschnabelgänse.

In Torsminde, 188 km, dem Fischerort an den Schleusenanlagen zwischen Nissum Fjord und Nordsee, zeigt das **Strandungsmuseum St. George** Funde von zahllosen Schiffsstrandungen, insbesondere von der größten Katastrophe, die die dänische Westküste je erlebte: Weihnachten 1811 zerschlug ein Orkan zwei Schiffe der britischen Marine, über 1300 Seeleute kamen ums Leben. Nahe Ferring, 207 km, trifft man dann auf einen der beeindruckendsten Uferabschnitte Dänemarks, die bis zu 41 m hohe Steilküste am *Bovbjerg – am besten zu bewundern von dem weinroten Leuchtturm *Bovbjerg Fyr.

Thyborøn (2800 Einw.), 235 km, ist ein bedeutender Fischereihafen an der Limfjordmündung. Fischerei- und Rettungswesen sind Themen eines Museums in der alten Fischauktionshalle am Innenhafen. Ein *Bunkermuseum* informiert über die Bedeutung der „Festung Thyborøn", die die deutschen Besatzer 1943/44 als Teil des Atlantikwalls bauen ließen, und der *Bunkerpfad* führt zu verschiedenen der einst 106 Betonbauten (deutschsprachiges Merkblatt) an der Küste. Kontrast zu den martialischen Hinterlassenschaften deutschen Größenwahns ist das verspielt-fantasievolle *Schneckenhaus*, das ein Thyborøner in jahrelanger Arbeit mit unzähligen Schnecken und Muscheln verziert hat.

Mit der Autofähre (⌐ 1–2mal stdl.; 10 Min.) setzt man über den *Limfjord, der Jütland von der Nord- zur Ostsee durchzieht und mit exzellenten Surf- und Segelrevieren ein Mekka für Wassersportler ist. Fast immer ist die Wasserfläche dicht gesprenkelt von bunten Segeln. Am Nordufer verläuft die Straße mehrere Kilometer auf einem Deich entlang der schmalen Landzunge Agger Tange; die abgedeichten Feuchtgebiete sind ideale Vogelbeobachtungsplätze. Oder man umrundet das

Nissum Haff. In Lemvig, das malerisch an einer Bucht liegt, kann man über den 12 km langen *Planetenweg* am Westufer dieser Bucht durch unser Sonnensystem (Maßstab 1:1 Mrd.) wandern. Nördlich des Industriestädchens Struer, in dem die für ihr Design in aller Welt bekannte HiFi-Firma Bang & Olufsen ansässig ist, biegt man nach Norden und erreicht über die Oddesund-Brücke und Thyholm die Region Thy. Besonders im südlichen Teil ist Thy übersät mit Zeugnissen der Vorzeit, in der Heide *Ydby Hede z. B. 50 Grabhügel aus der Bronzezeit.

Vestervig, 247 km, war im frühen Mittelalter eine der bedeutendsten Siedlungen Dänemarks mit Kloster, Bischofssitz und Kathedrale. Die Versandung der Limfjordmündung Ende des 11. Jhs. machte Vestervig bedeutungslos, und nur die größte Dorfkirche Nordeuropas sowie das sagenumwobene Grab Liden Kirstens, der Schwester Valdemars des Großen, erinnern an die Blütezeit. – Im nächsten kargen Küstenabschnitt gibt es nur wenige Badeorte wie *Nørre Vorupør* (Nordseeaquarium, *Strandfischerei*) und *Klitmøller,* mit einem der besten Surfreviere Europas.

Hanstholm (2700 Einw.; ⌐ nach Norwegen), 291 km, ist erst nach dem Bau des Hafens 1967 sprunghaft gewachsen. Der 30 m hohe Leuchtturm von 1848 über dem Hafen zählt mit seiner 4000-Watt-Lampe zu den lichtstärksten der Welt, ein Museum zu Fischerei und Rettungswesen ist in den Nebengebäuden eingerichtet. Aus dem Zweiten Weltkrieg stammen Reste einer gigantischen Kanonenstellung mit ursprünglich knapp 300 Bunkern und anderen Betonbauten.

Ab Øsløs, 317 km, lohnt der Umweg auf der Margeriten-Route am Vogelparadies *Vejlerne vorbei zum 47 m hohen *Bulbjerg, einer gewaltigen Kalksteinklippe am Meer mit herrlicher Aussicht. Südwestlich von Brovst, 350 km, werden im romantischen „Kokkedal Slot" (Kokkedalvej 17, 9460-Brovst,

50 Polyglott

ROUTE 1

☎ 98 23 36 22, 📠 98 23 22 66, 💰) die Gäste mit Himmelbetten, Hausgeist, guter Küche und vorzüglichem Wein verwöhnt.

Im Hinterland der Urlaubsregion **Jammerbugt** reihen sich viele Ferienhäuser, 19 Campingplätze und populäre Badeorte wie Blokhus mit dem für Kinder verlockenden Freizeitpark *Fårup Sommerland* bei Saltum und Løkken, 388 km, aneinander. Etwas landeinwärts ragt *****Børglumkloster** mit seiner markant-mächtigen Klosterkirche auf; es war ab 1135 Bischofssitz für Nordjütland, kam aber mit der Reformation in weltliche Hände (Teile zugänglich). – Ab dem Ortseingang von Sønder Rubjerg, 395 km, führt die Margeriten-Routen auf Nebenstraßen zur Küste: Die Düne ****Rubjerg Knude** (90 m), die schon dem Leuchtturm *Rubjerg Fyr* den Meerblick genommen hat (***Sandflugmuseum*), und die über den Klippen gelegene romanische *Mårup Kirke* lohnen diesen Umweg ebenso wie der von den Dünen bedrängte Badeort *****Lønstrup**.

Hirtshals (7000 Einw.), 425 km, lebt von seinem noch recht jungen **Hafen* mit Fischerei, einer kleinen Werft und dem Fährverkehr nach Norwegen. Die Attraktion der Stadt ist das ****Nordsømuseum** mit vielen Aquarien und großem Robbenbassin.

❶ Nørregade 40, 9850 Hirtshals, ☎ 98 94 22 20, 📠 98 94 58 20.
🚂 Privatbahn ab/bis Hauptstrecke in Hjørring.
🚢 Nach Norwegen (auch Tagesausflüge nach Kristiansand und 24-Std.-Minikreuzfahrt nach Oslo möglich).

🏨 **Skaga Hotel,** Willemosevej 1, ☎ 98 94 55 00, 📠 98 94 55 55. Modern und sehr gut ausgestattet, gleich am Nordsømuseum. 💰))
Hotel Hirtshals, Havnegade 2, ☎ 98 94 20 77. Zentral gelegen mit Aussicht auf den Hafen. 💰)
Hirtshals Vandrerhjem, Kystvejen 53, ☎ 98 94 12 48, 📠 98 94 56 55. Herberge nahe Leuchtturm und Strand, einige Familienzimmer mit Bad. 💰

Polyglott **51**

ROUTE 1

1

Seite **53**

△ **Tornby Strand Camping,** Strandvejen 13, ☎ 98 97 78 77, mit Hütten und Wohnwagen, ganzjährig geöffnet.

Die Route folgt dem Küstenverlauf der Tannis-Bucht, deren Strand mit Autos befahren werden darf. An der *Adlerwarte* von Tuen, 448 km, zeigen in der Saison 1–2mal täglich Greifvögel bei ** *Falknervorführungen* ihre Flugkünste und die hohe Schule der Beizjagd.

Bei Hulsig, 462 km, sollte man einen Abstecher zur 800 m breiten und 2 km langen Wanderdüne ** **Råbjerg Mile** machen, deren ungeheure, weiße Sandmassen sich pro Jahr bis zu 20 m nach Osten schieben.

** **Skagen** (12 000 Einw.), 475 km, Dänemarks nördlichste Stadt, liegt mitsamt Hafen (Fischauktionen 1–2mal pro Werktag; gute Fischlokale wie „Bodilles Kro", Østre Strandvej 11, ☎ 98 44 33 00, ⑤) und allen Museen an der Ostseeseite, der dezent mondäne

Die Margeriten-Route

Hinweisschilder mit einer weißen Margeritenblüte auf braunem Grund markieren die 3535 km lange *Margeriten-Route,* die vor allem auf Nebenstraßen kreuz und quer durch das Land zu Hunderten von Sehenswürdigkeiten führt. Die Schilder mit der Margerite bieten Gewähr für schöne, abwechslungsreiche Strekken, nicht aber für schnelles Vorwärtskommen. Trifft man bei einer Rundfahrt auf die Markierungen, lohnt es fast immer, ihnen zu folgen, wenn man die nötige Zeit hat. In allen guten Dänemark-Karten neueren Datums ist die Margeriten-Route in irgendeiner Form gekennzeichnet; eine deutschsprachige Routenbeschreibung inklusive einer Karte ist vor Ort in allen größeren Informationsbüros oder beim Dänischen Fremdenverkehrsamt in Hamburg erhältlich (ca. 10 DM).

Badeort *Gammel Skagen* an der Nordseeseite. Skagen mußte 1795 seine vom Sandflug bedrohte Kirche *(* Den tilsandede Kirke)* aufgeben, deren Turm heute Wahrzeichen der Stadt ist. Um die letzte Jahrhundertwende sammelte sich um P. S. Krøyer und das Ehepaar Michael und Anna Ancher die Gruppe der Skagen-Maler (s. S. 17) und machten das armselige Dorf in den Dünen berühmt; das ** *Skagen Museum* und einige kleinere Museen zeigen wichtige ihrer Werke. Über das Leben der Menschen auf der Halbinsel Skagen zu früheren Zeiten informiert das Freiluftmuseum *Skagens Fortidsminder,* und über die einzigartige Natur das noch junge *Naturhistorische Museum* in der alten Bahnstation Højen am Südrand der Stadt. 5 km nördlich des Ortes bringen Spezialgefährte *(Sandormen)* müde Wanderer die letzten Kilometer vom Parkplatz zur äußerster Nordspitze Kontinentaleuropas: ** **Grenen.** An der flachen Sandzunge ist es Brauch, mit je einem Fuß in der Nord- und in der Ostsee zu stehen, die hier aufeinander branden (Badeverbot wegen lebensgefährlicher Strömungen).

❶ Skt. Laurentii Vej 22, 9990 Skagen, ☎ 98 44 13 77, 🖷 98 45 02 94. 🚃 Privatbahn zur Hauptstrecke nach Frederikshavn.

🏠 **Brøndums Hotel,** Anchersvej 3, ☎ 98 44 15 55, 🖷 98 45 15 20. Es war Treffpunkt der Skagen-Maler, und ist seitdem eine Institution. Kunst und Köstlichkeiten im Hotelrestaurant. ⑤⑤ **Skagen,** Gl. Landevej 39, ☎ 98 44 22 33, 🖷 98 44 21 34. Ferien und Kongreßhotel am Südrand Skagens, bei den Dünenwäldern. ⑤⑤ **Petit,** Holstvej 4, ☎ 98 44 11 99, 🖷 98 44 58 50. Zentral gelegenes 48-Betten-Hotel. ⑤ **Skagen Sømandshjem,** Østre Strandvej 2, ☎ 98 44 25 88, 🖷 98 44 30 28. Seemannsheim am Hafen in zentraler Lage mit ordentlichen Zimmern. ⑤ **Skagen Ny Vandrerhjem,** Rolighedsvej 2, ☎ 98 44 22 00, 🖷 98 44 22 55. 1994 eröffnete Herberge in Strandnähe. ⑤

Route 2

Ostjütland von Grenen zur Grenze

**Skagen – *Aalborg – **Århus – Kolding – Kruså – Grenze (390 km)

Dieser Routenvorschlag schließt in Dänemarks nördlichster Stadt **Skagen nahtlos an Route 1 zur großen Jütland-Rundfahrt an. Sie folgt der Ostseeküste mit ihren kinderfreundlichen Stränden bis zur deutsch-dänischen Grenze bei Flensburg; Alternativrouten verweisen mehrfach auf kleinere Nebenstraßen.

Malerische lange Fjorde und sanfte Meeresbuchten reichen von der Ostsee ins Land hinein. An ihnen liegen interessante Städte wie *Aalborg, **Århus, *Horsens, Kolding oder *Haderslev mit einem ausgezeichneten vielseitigen Kulturangebot. Als Ausflugsziele, aber ebensogut als Destinationen für einen geruhsamen längeren Urlaub locken die Inseln **Læsø und **Samsø.

Von **Skagen (Route 1) an der Ålbæk-Bucht mit ihren schönen Stränden entlang ist man bald in **Frederikshavn** (25 000 Einw.), 38 km. Wichtig für die Wirtschaft der Hafenstadt ist die – unsichere – Werftindustrie und die „Überseekundschaft", die zum Einkaufen aus den nordischen Nachbarländern herüberkommt: So heißt die Gangway vom Fährhafen ins Zentrum im Volksmund „Valutaschlange".

Der 1974 komplett um 270 m verschobene *Krudttårnet* (Pulverturm; militärhistorisches Museum) und das Viertel *Fiskerlyngen* stammen aus der Zeit, als Frederikshavn hauptsächlich als Festung Fladstrand bekannt war (bis 1818). Größter Haudegen war hier der

„Den tilsandede Kirke" von Skagen

Typisch für Dänemark: Wasser und Brücken, hier am Vejle Fjord

ROUTE 2

im norwegischen Trondheim geborene Seeheld Peter Wessel (1690–1720), dessen Porträt auf Millionen dänischer Streichholzschachteln prangt. Im großen Nordischen Krieg (1712–17) besiegte er mehrfach schwedische Verbände, was ihm den Adelstitel und den Ehrennamen Tordenskjold (Donnerschild) einbrachte.

Nördlich des Stadtzentrums erinnert das *Bunkermuseum* an jüngere Kriegszeiten 1940–1945. Das *Bangsbomuseum auf einem Gutshof (18. Jh.) zeigt neben historischen und kulturgeschichtlichen Sammlungen das *Ellingå-Schiff, ein gut erhaltenes Wikingerschiff aus dem 12. Jh.

❶ Brotorvet 1, 9900 Frederikshavn, ☎ 98 42 32 66, 🖷 98 42 12 99.

🚢 Endstation der östjütländischen Hauptstrecke.
🚢 Göteborg (auch Tagesausflüge), zu norwegischen Häfen, Hirsholm (Postboot), **Læsø (s. S. 56)

🏨 **Stena Hotel** Frederikshavn, Tordenskjoldsgade 14, ☎ 98 43 32 33, 🖷 98 43 33 11. Gut ausgestattet inkl. Restaurant und Tropenbad. Ⓢ⟩⟩
Hotel 1987, Havnegade 8E, ☎ 98 43 19 87, 🖷 98 42 47 52. Zentral gelegenes einfaches Hotel. Ⓢ⟩
⚠ **Nordstrand Camping,** Apholmenvej 40, ☎ 98 42 93 50, Luxusplatz mit Hütten- und Wohnwagenvermietung.

Sæby (8200 Einw.), 51 km, hat viel Altstadtidylle im Zentrum bewahrt. Die mit gotischen Kalkmalereien ausgeschmückte *Skt. Mariæ Kirke* ist der erhaltene Teil eines Karmeliterklosters (von 1470). Aus der Renaissance stammt Schloß *Voergård* bei Flauenskjold mit seiner reichen Kunstsammlung: z. B. wertvolle Gobelins und Gemälde von Goya und Raffael.

Für Luxus und Romantik muß man einen kleinen Umweg zum Hotel im Barockschloß *Dronninglund Slot* (Slotsgade 8, 9330-Dronninglund, ☎ 98 84 33 00, 🖷 98 84 34 13, Ⓢ⟩⟩) in Kauf nehmen. Nach der Fährfahrt

(🚢 mehrmals stdl., 5 Min.) über die Limfjordmündung zwischen Hals und Egense geht es dann weiter auf dem Boden eines Steinzeitmeeres, aus dem die *Mulbjerge als Inseln ragten; heute bieten sie gute Aussichten auf das flache Küstenland. Das *Lille Vildmose* (Kleines Wildmoor) etwas landeinwärts ist eine ursprüngliche Moorlandschaft mit großem Wildbestand. Bei Hadsund wechselt man auf der Klappbrücke von 1976 über den Mariager Fjord, der als landschaftlich schönster Fjord ganz Dänemarks gilt, und fährt durch das malerische Städtchen *Mariager nach Hobro.

Die Hauptroute führt von Sæby über Hjallerup, 80 km, wo jährlich am ersten Juniwochenende ein großer Pferdemarkt abgehalten wird. Südlich von Nordjütlands Hauptstadt *Aalborg (103 km, s. S. 40 ff.) erstreckt sich der *Rold Skov, Dänemarks größtes Waldgebiet. Nach Amerika ausgewanderte Dänen, an die ein Auswanderermuseum erinnert, stifteten hier 1910 den Nationalpark *Rebild Bakker.* Legenden ranken sich um einen Teil des Waldes, den *Troldskov mit knorrigen, verwachsenen Bäumen. Bei *Rebild*, 128 km, ist das schön gelegene Waldhotel Rold Stor Kro (9520-Skørping, ☎ 98 37 51 00, 🖷 98 37 52 50, Ⓢ⟩⟩), eine empfehlenswerte Adresse.

Am Südwestrand von *Hobro*, 150 km, zählt die Wikingerburg **Fyrkat zum Sehenswertesten, was Dänemark aus dieser Epoche der skandinavischen Geschichte zu bieten hat. Ein mächtiger, 3 m hoher und 12 m breiter Ringwall von 120 m Durchmesser schützte die 16 identischen Langhäuser der Burg, die etwa um 980 n. Chr. gebaut wurde. Im lebendigen nachgebauten Wikingerdorf bekommt man einen guten Eindruck vom Alltagsleben zu jener Zeit.

Randers (55 000 Einw.), 176 km, entwickelte sich im Mittelalter als Marktplatz an einem Übergang über die Gudenå, Dänemarks längsten Fluß. Einige liebevoll restaurierte Häuser rund um

54 Polyglott

ROUTE 2

das barocke Rathaus lohnen einen Stadtbummel. Das klotzige Randers Kulturhus mit *Kunst-* (19. u. 20. Jh.) und *kulturhistorischem Museum* zeugt vom Einsatz dänischer Provinzstädte für die Kultur, während das einzigartige Versorgungssystem des Kneipenviertels eher vom Durst der Einwohner zeugt: Aus zentralen Tanks der örtlichen Brauerei Thor werden über unterirdische Rohrleitungen die Zapfhähne diverser Lokale an der Storegade gespeist – Skål. Große Hoteltradition mitten in der Stadt repräsentiert nur wenige Meter vom Rathaus entfernt das Hotel Randers (Torvegade 1, ☎ 86 42 34 22, 🖷 86 40 15 86, 💲).

Vom direkten Weg nach **Århus** (213 km, s. S. 43 ff.) ist es nur ein Schlenker zum Barockschloß *Clausholm*, im 18. Jh. Schauplatz eines auf-

Einladendes Schloß Voergård

Abendstimmung am Stavns Fjord

Kartoffelreich im Meer: **Samsø

Die Insel (11 206 ha; 4300 Einw.) südöstlich von Århus im Kattegat ist ein populäres Tagesausflugsziel – besonders für Radler –, aber auch ein geruhsames Domizil für einen längeren Urlaub. Die originellste Art der Inselerkundung sind mobile Ferien im vollständig eingerichteten Pferde-Planwagen; Details dazu im Info-Büro (Langgade 32, DK-8305 Samsø-Tranebjerg, ☎ 86 59 14 00).

Obwohl Samsø nur 28 km von Nord nach Süd und 7 km von West nach Ost mißt, unterscheidet man Nord- und Süd-Samsø, deren Bewohner einander nicht grün sind. Sie leben meist von der Landwirtschaft, berühmt sind die „Samsø-Kartoffeln", die frühesten Kartoffeln nördlich der Alpen.

Samsøs Geschichte ist so alt wie die Dänemarks, davon zeugen viele Stein- und Bronzezeitgräber vor allem im Südteil. In der Wikingerzeit war der **Stavns Fjord** ein wichtiger Sammlungsplatz für Schiffe, nachgewiesen sind aus damaliger Zeit eine Kaianlage und der 800 m lange und 11 m breite *Kanhave Kanal* quer durch jenen schmalen Landstreifen, der Nord- und Südsamsø verbindet. Im Mittelalter war die Insel dann einige Male Schauplatz von Reichstagen.

Die *Kirche* der Inselhauptstadt *Tranebjerg* bekam im späten Mittelalter einen zur Trutzburg ausgebauten Turm, neben dem das eigentliche Kirchenschiff wie eine Hütte wirkt. Der von kleinen Fachwerkhäusern gesäumte romantische Dorfteich ist Schmuckstück in Nord-Samsøs „Metropole" *Nordby*. Hier liegt die Kirche rund 1 km außerhalb, während im Dorf ein zusätzlicher *Glockenturm* seit 1857 den Ruf des Herren verbreitet.

Mit der ungewöhnlichen Hügellandschaft *Nordby Bakker* (Wanderwege; Fernsicht vom Aussichtsturm bis zu den Küsten Jütlands und Seelands vom 64 m hohen Ballebjerg) und der einzigartigen Inselwelt am **Stavns Fjord** besitzt Samsø Natur- und Landschaftsschutzgebiete ersten Ranges.

ROUTE 2

sehenerregenden Gesellschaftsskandals mit königlicher Liebe, Entführung, Hochzeit und Verbannung – Frederik IV. und die blutjunge Anna Sophia Reventlow spielten die Hauptrollen.

Südwestlich der Stadt Skanderborg, 235 km, ragen die beiden höchsten Gipfel Dänemarks, der 171 m hohe *Ejer Bavnehøj* und der 3 m höhere *Yding Skovhøj* kaum merklich aus der Landschaft auf. – Eine Alternative ab Århus ist die Fahrt an den schönen Stränden der Küste entlang über Hov (🚢 nach Samsø bis zu 9mal tgl., 80 Min.) bis

*Horsens (48 000 Einw.), 258 km. Zum Einkaufsbummel lockt die Fußgängerzone in Dänemarks breitester Hauptstraße, der *Søndergade. Hier erinnern mehrere sehenswerte Häuser an die Blütezeit der Stadt als wichtiger jütländischer Handelsplatz im 17. und 18. Jh., allen voran das barocke Lichtenbergsche Palais von 1744, heute Jørgensens Hotel (Søndergade 17, ☎ 75 62 16 00, 🖷 75 62 85 85, Ⓢ⟩⟩). Die *Vor Frelsers Kirke* (Erlöserkirche), eine frühgotische Backsteinkirche aus dem 13. Jh., besitzt schon reiches Interieur, noch prächtiger wurde im Laufe der Jahrhunderte aber

die einen Häuserblock entfernt liegende Klosterkirche ausgestattet. Das 1992 erweiterte **Horsens Kunstmuseum* mit einer hervorragenden Abteilung zur modernen Kunst und das *Arbeiter-, Handwerker- und Industriemuseum*, das die Industrialisierung und Arbeitsbedingungen zur Jahrhundertwende thematisiert, sind Museen von hohem Niveau. In der Tradition großer Reiterstandbilder sieht Bjørn Nørgaard (s. S. 17) sein 1992 entstandenes Monumentalwerk *Apokalyptischer Reiter* (Das Höllenpferd – Sleipnir) neben der zum Kulturhaus umfunktionierten alten Tabaksfabrik *Tabaksgården*. Horsens erinnert gern an seinen bekanntesten Sohn *Vitus Bering* (1681–1741), der in russischen Diensten die nach ihm benannte Meeresstraße zwischen Sibirien und Alaska entdeckte und erforschte.

❶ Søndergade 26, 8700 Horsens, ☎ 70 10 41 20, 🖷 75 60 21 90.

🚃 Hauptstrecke Fredericia–Frederikshavn.

🚢 Zu den Inseln Hjarnø und Endelave.

🏨 **Skandic Hotel Bygholm Park,** Schuttesvej 6, ☎ 75 62 23 33, 🖷 75 61 31 05. Verkehrsgünstig am Stadtrand, Gutshof von 1775. Ⓢ⟩⟩ **Horsens Vandrerhjem,** Flintebakken 150, ☎ 75 61 67 77, 🖷 75 61 08 71. Sehr gut ausgestattete Herberge mit 27 Familienzimmern am Rande eines Naturschutzgebietes. Ⓢ

△ **Husodde Camping,** Husoddevej 85, ☎ 75 65 70 60. Platz mit Hütten, 5 km vom Strand.

Natur und Idylle

Der Küste Nordjütlands vorgelagert ist die flache Kattegatinsel **Læsø (10 122 ha; 2500 Einw.), die heute weitgehend unter Naturschutz steht. Der ursprüngliche Wald wurde schon viel früher als Brennmaterial für die Salzsiederei abgeholzt. An diese lange Zeit wichtige Einnahmequelle erinnert heute eine nachgebaute *Siederei*. Inseltypisch sind Häuser mit *Seetangdächern wie z. B. beim *Heimatmuseum Byrum*. Die Sandbänke und Feuchtwiesen im Süden von Læsø, die bei Flut teilweise unter Wasser stehen, sind großartige Vogelparadiese. (🚢 bis 4mal tgl. ab Frederikshavn, 90 Min. Überfahrtszeit.)

Vejle (45 500 Einw.), 284 km (auch Route 4), eine Industriestadt, liegt in naturschöner Umgebung am Ende des Vejle Fjord, die seit 1980 eine 1710 m lange Autobahnbrücke überspannt. Schmuckstück im Zentrum an der Fußgängerzone ist *Den Smidtske Gård*, ein restaurierter Kaufmannshof von 1799, den heute neben Läden und einer Ausstellung zur Stadtgeschichte auch das Info-Büro nutzt. Grafik bildet den Sammlungsschwerpunkt des *Vejle-*

56 Polyglott

ROUTE 2

Kunstmuseums. In der spätgotischen Skt. Nicolai Kirke wird eine *Moorleiche* aus der Eisenzeit aufbewahrt (ca. 490 v. Chr.). Bei ihrer Entdeckung 1835 hielt man sie für eine Königin aus der Wikingerzeit, und deshalb spendierte ihr Frederik VI. einen edlen Sarg. In der Nordmauer der Kirche sind – sagenumwoben und mysteriös – 23 Schädeldecken eingemauert.

Kolding (45 000 Einw.), 310 km (auch Route 4), war im Mittelalter Grenzstadt des Königreichs Dänemark zum Herzogtum Schleswig, zuletzt in dieser Rolle 1920 (s. S. 13). Die Stadt bietet gleich zwei Topsehenswürdigkeiten mit dem ****** *Kunstmuseum Trapholt,* das Kunst der Gegenwart, Kunsthandwerk und Möbeldesign zeigt, und Schloß ****** *Koldinghus,* mit kulturhistorischen Sammlungen und Wechselausstellungen. 1806 brannte Koldinghus nieder. Der Wiederaufbau dauerte bis in unsere Tage und ist in seiner Verknüpfung von alter Substanz mit modernster Architektur genial gelungen.

❶ Akseltorv 8, 6000 Kolding, ☎ 75 53 21 00, 📠 75 53 48 38.
🚂 Hauptstecke Fredericia–Esbjerg/ Sønderborg.

🏨 **Scanticon,** Skovbrynet, ☎ 75 50 15 55, 📠 75 50 15 68. Schön gelegenes Tagungshotel der Luxus-Klasse mit günstigen Wochenend- und Sommerpreisen. Ⓢ))
Scandic Hotel Kolding, Kokholm 2, ☎ 75 51 77 00, 📠 75 51 77 01. Modernes Businesshotel nahe Autobahnabfahrt 63. Ⓢ))
Saxildhus, Banegårdspladsen, ☎ 75 52 12 00, 📠 75 53 53 10. Familienhotel nicht weit von Schloß und Fußgängerzone. Ⓢ–Ⓢ
△ **Vonsild Caming & Feriecenter,** Vonsildvej 19, ☎ 75 53 47 25. Ganzjährig geöffneter Platz mit Hütten- und Wohnwagenvermietung.

Die Margeriten-Route führt näher an die Küste und zum Hügel Skamlingsbanken, der von immerhin 113 m Höhe eine herrliche Aussicht gewährt.

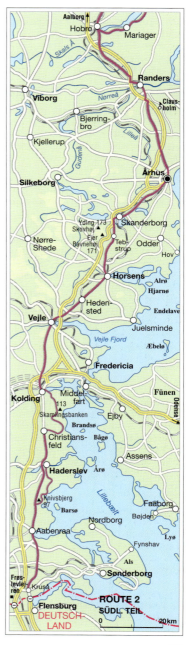

Polyglott **57**

Christiansfeld (2600 Einw.), 325 km. 1773 errichtete die Herrnhuter Brüdergemeinde, deren schlichte Architektur bis heute das Ortsbild dominiert. Ganz typisch fallen die Kirche und das Museum aus. Schleckermäuler lieben Christiansfelds berühmte Honigkuchenbäckereien!

* Haderslev (20 000 Einw.), 337 km, liegt am Ende eines schmalen Fjords, der sich westlich der Stadt als See „Haderslev Dam" fortsetzt. Auf einem über 10 km langen Wanderweg kann man dies beliebte Freizeitgebiet umrunden. Dominierendes Bauwerk in der sehenswerten *** Altstadt** ist der „Dom von Haderslev", die gotische *Vor Fruekirke,* mit eindrucksvollen, 16 m hohen Chorfenstern. Das *** Haderslev Museum** zeigt u. a. historische Funde und in einer Freiluftabteilung ländliche Bauten. Kutschen sind in der *Slesvigske Vognsamling* zu bewundern, Keramik und Steingut in *Louis Ehlers Lertøssamling,* untergebracht im restaurierten, über 400 Jahre alten Fachwerkbau in der Slotsgade 20. In die *Slotsgade 25* lockt eine bunte Mischung für Leib und Seele: Galerie, Programmkino, Café-Restaurant und viel Live-Musik.

In **Aabenraa** (16 000 Einw.), 361 km, erscheint Dänemarks einzige deutschsprachige Tageszeitung „Der Nordschleswiger". Das Zentrum zeigt malerische Ecken rund um den *Vægterplads* (Wächterplatz) mit dem Nachtwächter-Denkmal. *Aabenraa Museum* erinnert an die Blütezeit der Stadt als Seehandelsplatz mit großer eigener Handelsflotte im 17. und 18. Jh.

Endpunkt dieser Route ist die Grenzstadt **Kruså**, 386 km (auch Route 3), mit vielen Geschäften, die anbieten, was in Dänemark billiger (z. B. Kaffee, Käse, Tee, Kerzen usw.) ist als jenseits der Grenze, wo es Geschäfte für das ergänzende Warensortiment (z. B. Zigaretten, Spirituosen) gibt. Nachdenklich macht ein Besuch des ehemaligen Nazi-Internierungslagers *** Frøslevlejren** (s. S. 60) westlich des Ortes.

Route 3

Erfahrenes Grenzland

Rømø – * Sønderborg – Als – Løgumkloster – Rømø (200 km)

Die Route führt durch das Grenzgebiet zu Deutschland, in dem die längst nicht immer friedliche Geschichte, insbesondere die Kriege 1848–50 und 1864, die preußische Besetzung Südjütlands 1864–1920 sowie die anschließende Wiedervereinigung, viele Spuren hinterlassen hat. Auf mittelalterliche Ritterturniere gehen die Ringreiterfeste zurück, die ihre „Hochburgen" in den Städten und Dörfern des östlichen Südjütland haben (Juni/Juli).

Rømø (12 886 ha; 840 Einw.) ist Dänemarks größte Nordseeinsel. Gleich noch ein zweiter Superlativ: Bei Lakolk führt mehrspurig eine Straße auf Europas breitesten *** Strand** (markiertes Surfareal), der zu großen Teilen für den Autoverkehr freigegeben ist. Im Süden bei Havneby flitzen Strandsegler über den Sand, und etwas abseits bleiben FKK-Freunde unter sich. An die große Zeit im 17. und 18. Jh., als viele Männer von Rømø auf Walfangschiffen vor Grönland reich wurden, erinnert der prächtige dreiflügelige Hof *** Kommandørgård** (1746) von Toftum sowie die Kirche (frühes 13. Jh.) in *Kirkeby* mit schönen Votivschiffen und reichbebilderten *** Grabplatten** der Kapitäne auf dem angrenzenden Kirchhof. Spaß für Kinder verspricht der Freizeitpark *Rømø Sommerland* in Havneby.

🛈 Havnebyvej 30, 6792 Tvismark, ☎ 74 75 51 30, 🖷 74 75 50 31. 🛳 Havneby-List auf Sylt (Ausflugsfahrten mit zollfreiem Verkauf, empfehlenswert auch zum Restaurantbesuch auf Sylt).

ROUTE 3

🚌 Mehrmals täglich nach Skærbæk auf dem Festland, dort 🚂.

🏨 **Hotel Færgegården,** Vestergade 1–5, 6792-R.-Havneby, ☎ 74 75 54 32, 📠 74 75 58 59. Reetgedeckter ehemaliger Kapitänshof mit guter Ausstattung. $)

Poppelgården, Lyngvejen 7, Havneby, ☎ 74 75 51 88. Herberge in reetgedecktem Hof mit 25 Familienzimmer. $

⚠ **Kommandørgårdens Camping,** Havnebyvej 201, Mølby, ☎ 74 75 51 22. Hütten- und Wohnwagenvermietung, ganzjährig geöffnet.

Der Kommandørgård auf Rømø

Man verläßt Rømø über den 9,2 km langen Rømødamm quer durch das Wattenmeer und steuert im Süden **Højer** (1500 Einw.) an, 24 km. Nordeuropas größte hölzerne Windmühle überragt die vielen denkmalgeschützten Häuser des Ortes.

Westlich des Zentrums ist neben der *Højer Sluse* von 1861 ein altes Fischermilieu am Ufer der Videå wiedererstanden. Vor den jüngeren Deichen mit dem modernen Sperrwerk *Vidal Sluse* breitet sich dieser Teil des Wattenmeeres bis zur Insel Sylt aus.

Seite 61

Windmühle von Højer

Leben zwischen Ebbe und Flut

Das **Wattenmeer** fällt zweimal täglich bei Ebbe trocken und wird bei Flut wieder überschwemmt. Gewaltige Mengen mikroskopisch kleiner Pflanzen und Tiere, die am Anfang einer maritimen Nahrungskette stehen, wachsen hier. Die Nährstoffproduktion in diesem Ökosystem übertrifft sogar die des Regenwaldes. Fast alle Plattfische der Nordsee und viele andere Meeresbewohner haben im Watt ihre Kinderstube, auch die mitteleuropäische Seehundpopulation ist von den Lebensbedingungen im Rhythmus der Gezeiten abhängig. Unzählige See- und Zugvögel (geschätzte 10 Mio. pro Jahr) machen hier Station. Allein 50 Vogelarten würden ohne das Watt aus unseren Breiten verschwinden. Kein Wunder deshalb: Das Wattenmeer ist großflächig geschützt, der Zugang beschränkt. Wattwanderungen sollte man nur unter fachkundiger Führung machen, bei auflaufender Flut wird es lebensgefährlich! Viel Wissenswertes über diesen einzigartigen Lebensraum vermitteln das Informationszentrum an der Vidå Sluse bei Højer, kleinere Ausstellungen in Vester Vadsted südlich von Ribe sowie das **Fischerei- und Seefahrtsmuseum** von Esbjerg.

Polyglott **59**

ROUTE 3

In *Møgeltønder,* 31 km, verbindet die von Linden und malerischen, z. T. reetgedeckten Friesenhäusern gesäumte *Slotsgade* die üppig ausgestattete *Kirche,* die ihre Ursprünge in romanischer Zeit hat, mit dem Barockschloß Schackenborg. Zu diesem Gut in Besitz von Prinz Joachim, Nr. 2 in der dänischen Thronfolge, gehört der „Schackenburg Slotskro" (Slotsgaden 42, 6270-Møgeltønder, ☎ 74 73 83 83), bekannt für seine exzellente Küche.

Nahe Fårhus, 70 km, zweigt die Nebenstraße ab und führt zu dem Internierungslager *Frøslevlejren* im Forst von *Frøslev.* 1944 ließen es die deutschen Besatzer fertigstellen, und es wurde für zahlreiche Dänen aus dem Widerstand zur Durchgangsstation auf dem Weg in Vernichtungslager. Ausstellungen in den Baracken sind dem damaligen Lagerleben und der Arbeit humanitärer Organisationen u. ä. gewidmet.

Bei Kruså, 75 km, bietet sich die landschaftlich sehr reizvolle Küstenstraße *Fjordvejen* als Alternative zur Hauptroute: Sie verläuft entlang der Flensburger Förde (ⓗ Fakkelgaarden, Fjordvejen 44, 6340-Kollund, ☎ 74 67 83 00, ⚟ 74 67 83 63, Tophotel in Toplage über dem Fjord mit erstklassigem Gourmet-Restaurant, Ⓢ) und trifft bei Rinkenæs, 87 km, wieder auf die Hauptstraße. – Nördlich von *Egernsund,* 90 km, liegt die Sommerresidenz der Königinmutter Ingrid, *Schloß Gråsten,* nach 1757 aus den Resten eines größeren und prächtigeren, aber abgebrannten Fürstenschlosses entstanden. Zum Glück blieb die *Barockkirche* von 1699 (Ⓒ im Sommer an einigen Tagen der Woche, wenn das Schloß nicht bewohnt ist) von den Flammen verschont.

Der Name **Dybbøl** (2000 Einw.), 100 km, ist eng mit den dänisch-deutschen Beziehungen verknüpft: Nach tagelanger Belagerung überrannte hier am 18. April 1864 eine preußische 5:1-Übermacht die dänischen Verteidiger der Düppeler Schanzen. Damit ging Südjütland für die folgenden 56 Jahre

verloren. Die *Mühle von Dybbøl,* die im Zentrum der dänischen Stellungen lag, ist ein Hort nationalen Gedenkens. Dort und im nahen, sehr anschaulichen Geschichtszentrum wird über den 1864er Krieg und andere Grenzlandereignisse informiert.

Sønderborg (25 000 Einw.), 105 km, erstreckt sich beiderseits der südlichen Einfahrt in den Als Sund, die vom *Schloß Sønderborg* bewacht wird. Seit der Wiedervereinigung 1920 ist das vierflügelige Backsteingebäude in Staatsbesitz und beherbergt ein Museum zur Geschichte und Kultur Südjütlands. Geradezu malerisch wirkt der Hafen, während es in der Fußgängerzone quer durch das Zentrum geschäftig zugeht. Schöne Lokale findet man zwischen Rathaus und Schloß.

❶ Rådhustorvet 7, 6400 Sønderborg, ☎ 74 42 35 55, ⚟ 74 42 57 47.

⚞ 7 km. – ⚟ . – ⚟ Butterfahrten zu deutschen Häfen.

ⓗ **Scandic Sønderborg,** Rosengade, ☎ 74 42 19 00, ⚟ 74 42 19 50. Komfortables Hotel direkt am Strand der Sønderborg-Bucht in der Nachbarschaft von Schloß und Fußgängerzone. Ⓢ **Sønderborg Vandrerhjem,** Kærvej 70, ☎ 74 42 74 42, ⚟ 74 42 56 31. Moderne 200-Betten-Herberge mit vielen Familienzimmern. Ⓢ

△ **Camping Solskrænten,** Fiskervej 35, Mommark, DK-6470 Sydals, ☎ 74 40 74 54. Auf der Insel Als.

Sønderborg liegt schon auf der Insel **Als,** einer beliebten Urlaubsinsel mit vielen Campingplätzen und Ferienhäusern, aber auch mit einem der größten Industriebetriebe des Landes, Danfoss, bekannt für seine Heiztechnik. Ab Mommark kann man im Sommer einen geruhsamen Schiffsausflug zur Insel Ærø (s. S. 75) machen. Auf halbem Wege zwischen den beiden Häfen liegen im Wäldchen Blomeskobbel mehrere steinzeitliche Lang- und Runddolmen.

Beim Bahnübergang in Rødekro, 144 km, überquert die Route den **Heer-**

ROUTE 3

weg, der von der Steinzeit bis zum Aufkommen der Eisenbahn die wichtigste Verbindung zwischen Nord- und Mitteleuropa war. Pilger, Krieger und Händler nutzten ihn, oft auch Viehzüchter mit ihren Tieren, so daß er den Beinamen Oxenweg bekam. Als Ganzes ist die alte Verkehrsachse nicht erhalten, aber Details in ihrem Umfeld: die alte *Thingstätte Urnehobved*, Brücken wie die *Immervad Bro* von 1776 im Norden von Rødekro und die etwa gleichaltrige *Povls Bro* nahe dem ehemaligen Wallfahrtsort Kliplev (*Kirche aus dem 13. Jh.) im Süden.

Løgumkloster (3000 Einw.), 169 km, entwickelte sich um ein bedeutendes Zisterzienserkloster, dessen mächtige, aber nach den Ordensregeln schlichte *Backsteinkirche* vom Wandel der Romanik zur Gotik geprägt ist. Vom ursprünglichen Kloster ist außer der Kirche kaum etwas erhalten. Die 49 Glocken im nahen *Glockenturm* von 1973 erklingen mehrmals am Tag, bei gelegentlichen *Konzerten werden sie sogar von Hand gespielt. – Südwestlich, an der Straße nach Tønder, kann man auf schönen Wegen **Draved Skov**, Dänemarks letzten „Urwald", durchwandern. Schließlich gelangt man über Skærbæk (3000 Einw.), 186 km, und den Rømødamm wieder zurück auf die Insel Rømø (200 km).

Im Hafen von Sønderborg

Polyglott **61**

Route 4

Zu Wikingerkönigen und LEGO-Steinen

Esbjerg – Fredericia – Vejle – *Jelling – Egtved – Billund – Esbjerg (225 km)

4

Seite 63

Von den überaus populären Ferienhausgebieten an der südlichen Nordseeküste zum Kleinen Belt und zurück reicht der Bogen dieser Rundreise. Das junge Esbjerg mit seinem großen Hafen ist Start- und Zielort, das alte Kolding mit seinem Königsschloß der Wendepunkt im Osten. Am Rande liegen bedeutende Kultur- und Geschichtsdenkmäler wie *Jelling, die Wiege des dänischen Königreichs. Eine Welt aus Millionen kleiner Plastiksteine präsentiert Jütlands anziehungsstärkste Familienattraktion, der ** LEGOLAND Park.

Esbjerg (72 000 Einw.), Dänemarks fünftgrößte Stadt, beheimatet eine bedeutende Fischereiflotte, wickelt internationalen Fährverkehr ab und ist als Landstützpunkt der dänischen Öl- und Gasförderung in der Nordsee unentbehrlich. Bei einer Hafenrundfahrt erlebt man das geschäftige Treiben hautnah mit. Im Sommer bieten Gäste an Extratermine auf den * *Fischauktionen* mit: Reibt sich einer die Nase oder macht eine ähnliche Reflexbewegung, wechselt unverhofft eine Kiste fangfrischen Fischs den Besitzer ... Regulär kommt frischer Fisch Mo–Fr um 7 Uhr unter den Hammer. Neben dem Anleger der Fanø-Fähre ist das Feuerschiff * *Horns Rev* als Museumsschiff fest vertäut. Das Leben im Meer sowie das Leben der Menschen vom und mit dem Meer zeigt das ** *Fischerei- und Seefahrtsmuseum* mit Salzwasseraquarien und Robbenstation (🕓 Ende April bis Ende Juni und im Sept. tgl. 10–18 Uhr). Die vier ** *Mega-Skulpturen* „Mennesker ved Hovet“ von Svend W. Hansen ganz in der Nähe direkt am Strand sind Esbjergs neues Kunstwahrzeichen.

Nach dem Verlust von Schleswig und Holstein samt der dortigen Nordseehäfen wurde 1868 der Bau des Hafens und der Stadt Esbjerg beschlossen, den Baustil bestimmte der Historismus: Gotik, Renaissance, Barock, dänischer Landhausstil – alles vom Ende des 19. und Anfang des 20. Jhs. *Esbjerg Museum,* das auch eine beachtliche Bernsteinsammlung besitzt, widmet sich der Geschichte von Stadt und Region. Surrealismus und Kontruktivismus bilden die zwei großen Schwerpunkte des * *Esbjerg Kunstmuseums.* Es liegt im Stadtpark nahe dem markanten *Wasserturm,* dem Wahrzeichen der Stadt.

ℹ Skolegade 33, 6700 Esbjerg, ☎ 75 12 55 99, Fax 75 12 27 67. ✈ 10 km. – Bahn. – Schiff Mit England, Färöer, Island und Fanø.

Hotel **Scandic Olympic,** Strandbygade 3, ☎ 75 18 11 88, Fax 75 18 11 08. Modernes Hotel am Westende der Fußgängerzone mit gutem Restaurant. $$

Hotel Hjerting, Strandpromenaden 1, 6710-Esbjerg V, ☎ 75 11 52 44, Fax 75 11 76 77. Traditionsreiches Badehotel 8 km nördlich vom Zentrum am Strand von Hjerting. $$

Esbjerg ist selten Standort für längere Aufenthalte, wohl aber die Insel * **Fanø** (5578 ha; 3200 Einw.) mit ihrem breiten * *Sandstrand,* Arealen für Surfer und ausgedehnten Dünenwäldern zum Wandern. Die vielen reetgedeckten Fachwerkhäuser lassen die Inselorte *Nordby* im Norden und das kleinere * *Sønderho* im Süden geradezu idyllisch erscheinen. *Fanø Bad,* direkt am Nordseestrand, hat eine große Tradition als Badeort, wird aber heute von modernen Appartementhotels geprägt. Unter den Museen und Sammlungen erinnern die *Fanø Schiffahrts- und Trachtensammlung,* das * *Fanø Museum* (beide in Nordby) sowie *Hannes Hus* in Sønderho an die Zeiten der Insel

ROUTE 4

als Werftstandort und Heimat einer bedeutenden Handelsflotte (18. u. 19. Jh.). Fast schon wie Museen für Modellschiffe wirken die *Inselkirchen* in Sønderho und Nordby durch ihre zahlreichen Votivschiffe.

❶ Havnepladsen, Nordby, 6720 Fanø, ☎ 75 16 26 00, 📠 75 16 29 03.
🚢 Esbjerg–Nordby 1–2mal stdl., 20 Min.

🏨 **Fanø Krogård**, Langelinie 11, Nordby, ☎ 75 16 20 52, 📠 75 16 23 00. Gemütliches Gasthaus. Ⓢ
Vor allem bietet Fanø 2200 Sommerhäuser und 9 Campingplätze, z. B. **Feldberg Familie Camping,** Rindby, ☎ 75 16 36 80. Mit Hütten- und Wohnwagenvermietung.
🏨 **Sønderho Kro**, Kropladsen 11, ☎ 75 16 40 09, 📠 75 16 43 85. Ein romantisches Relais & Châteaux-Haus mit exklusiver Küche (wenige Zimmer). Ⓢ⟩
Nordby Kro, Strandvejen 12, ☎ 75 16 35 89. 300 Jahre alter Kro mit Spitzenrestaurant (auch vier individuelle Zimmer). Ⓢ⟩–Ⓢ

*Blåvands Huk, Dänemarks westlichster Punkt, wird von einem kantigen Leuchtturm (Naturausstellung) markiert. Breite Strände und der große, teilweise bewaldete Dünengürtel machen auch die umliegenden Siedlungen wie Blåvand, Oksby, Vejers Strand, Grærup Strand und Børsmose Strand bei deutschen Gästen überaus beliebt.

Fanø-Trachten – nicht nur im Museum zu sehen

Hannes Hus in Sønderho, Fanø

Seite 63

ROUTE 4

Mancherorts kontrastieren deutsche Atlantikwallbunker aus dem Zweiten Weltkrieg (Bunkermuseum *Tirpitz-Stellung*) die Ferienidylle. Vom Ende des Dritten Reiches zeugt der *Flüchtlingsfriedhof* von Oksbøl. Hier lebten bei Kriegsende ca. 40 000 Flüchtlinge aus den deutschen Ostgebieten in einem Lager. Nur das ehemalige Hospital blieb erhalten und dient heute als Herberge (☎ 75 27 18 77, 🖷 75 27 25 44; 17 Familienzimmer; Ⓢ).

Egtved (1900 Einw.), 62 km, ist berühmt als Fundstätte des *Mädchens von Egtved*. Vor ca. 3000 Jahren bestattete man die junge Frau in einem Grabhügel; günstige Bedingungen konservierten den Sarg, ihre sterblichen Überreste und die Kleidung hervorragend. Ein Minimuseum vor Ort zeigt Kopien des Fundes von 1921 (Originale im Nationalmuseum in Kopenhagen, s. S. 27). Weiter nördlich, am Rande des malerischen, von Rad- und Wanderwegen durchzogenen * *Vejle Ådal* (Tal der Vejle Aa), gestalteten der Däne Robert Jacobsen (s. S. 17) und der Franzose Jean Clareboudt die aufgelassene Kiesgrube ** **Tørskind Grusgrav** mit neun mächtigen Landschaftsskulpturen aus den Materialien Holz, Stahl und Steinen zu einem großartigen Kunstwerk.

Über *Kolding*, 81 km (Route 2), erreicht man den Kleinen Belt. Zwei ästhetische Brücken überspannen die Meerenge zwischen Fünen und Jütland (auf Fünen weiter mit Route 6).

Fredericia (28 000 Einw.), 107 km, entstand erst nach 1650 als Festungsstadt: im Schachbrettmuster angelegt und von Wällen umschlossen. Um der Stadt den nötigen Bevölkerungszuwachs zu sichern, bekam sie gleich Privilegien. So zog die gewährte Religionsfreiheit insbesondere Katholiken, Juden und Hugenotten an. *Fredericia Museum* informiert über die multikulturelle Bevölkerung, die Festung und die Kriege, in denen sie eine Rolle spielte.

❶ Danmarksgade 2 A, 7000 Fredericia, ☎ 75 92 13 77, 🖷 75 93 03 77.

Knotenpunkt der wichtigsten dänischen Nord-Süd- und Ost-West-Verbindungen.

🏨 **Kronprinds Frederik,** Vestre Ringvej 96, ☎ 75 91 00 00, 🖷 75 91 19 99. Am Rande des Zentrums in der Nachbarschaft von Messecenter und Golfplatz, günstige Sommerpreise. Ⓢ
Kryb–i–ly–Kro, Kolding Landevej 160, ☎ 75 56 25 55, 🖷 75 56 45 14. Mit großem Aufwand renovierter traditionsreicher Kro an der Landstraße zwischen Kolding und Fredericia. Ⓢ
⚠ **Trelde Næs Camping,** Trelde Næsvej 297, Trelde Næs, ☎ 75 95 71 83. Mit Hütten, am Vejle Fjord.

Nur ein kleiner Schlenker auf der Margeriten-Route führt über den landschaftlich reizvollen * **Munkebjerg** und am Ufer des Vejle Fjord entlang nach Vejle. Ein paar Kronen extra aus dem Reisebudget wäre ein Stopp im Hotel „Munkebjerg" (Munkebjergvej 125, ☎ 75 72 35 00, 🖷 75 72 08 86) in einer Traumlage oberhalb des Vejle Fjord und mit eigenem Kasino schon wert.

In * **Jelling** (2100 Einw.), 141 km, dem „Geburtsort Dänemarks", residierte um 950 König Gorm der Alte, und Inschriften auf zwei ** *Runensteinen* vor der romanischen Kirche berichten von der Vereinigung des Landes und seinen ersten beiden Königen. Im nördlichen der beiden gewaltigen Grabhügel neben der Kirche waren König Gorm und seine Frau Thyra begraben, ehe ihr zum Christentum bekehrter Sohn Harald Blåtand sie umbetten ließ; unter dem Chor der Kirche wurden Gorms sterbliche Überreste 1978 entdeckt.

Nach *Billund* (5200 Einw.), 165 km, lockt der **LEGOLAND Park** (** für Kinder) mit einer Welt aus Millionen von bunten LEGO-Steinen. Welt im wahrsten Sinne des Wortes: Mount Rushmore, Abu Simbel, Thai-Tempel – alles in kleinem Maßstab nachgebaut. Eine * *Puppenmuseum,* der * *Miniaturpalast Titania's Palace,* eine Westernstadt und vieles mehr füllen mindestens ein Ganztagesprogramm. (🕐 1997: Frei-

64 Polyglott

ROUTE 4

gelände 22. März bis 26. Okt. 10–20 Uhr, Hauptsaison auch bis 21 Uhr; recht hoher Eintritt – Kinderermäßigung bis 13 Jahre – im Park dann alle Attraktionen frei). In der Nähe des Parks vereint das *Center Mobilium* drei technische Museen zu Rettungswesen, Luftfahrt und Autobau.

🛈 Ved Lego Parken, 7190 Billund, ☎ 75 33 19 26, 📠 75 35 31 79.

✈ Wichtigster Flughafen in Jütland. 🚌 Nach Vejle 27 km, dort 🚆.

🏨 **Legoland,** Aastvej 10, ☎ 75 33 12 44, 📠 75 35 38 10. Das große Hotel – aus richtigen Steinen – hat einen direkten Zugang zum Park. Ⓢ–Ⓢ
Propelleren, Nordmarksvej 8, ☎ 75 33 81 33, 📠 75 35 33 62. Gut ausgestattetes Hotel nahe Flughafen und LEGOLAND Park. Ⓢ
🏨 Mehrere Restaurationsbetriebe im LEGOLAND Park.
⚠ **Billund F DM Camping,** Nordmarksvej 2, ☎ 75 33 15 21. Komfort-Platz.

Bevor es schließlich nach Esbjerg, 225 km, zurückgeht, kann man im Lokalhistorischen Museum in der Vestre Skole von Grindsted, 175 km, noch eine Ausstellung zur Besatzungszeit besuchen.

Die Runensteine von Jelling

Fredericia war gut gesichert

Schmuggelt er LEGO aus Billund?

Das große Reich der kleinen Steine

Die Firma LEGO (aus *leg godt* – spiel gut) ging in den 30er Jahren aus der kleinen Tischlerwerkstatt des Ole Kirk Christiansen in Billund hervor und wird bis heute von der Gründerfamilie kontrolliert. Das hochwertige Sortiment von LEGO wird nicht nur in Billund produziert, sondern auch in Brasilien, USA, Südkorea und der Schweiz, und in 130 Ländern wandern LEGO-Kästen über die Ladentische. Rund 190 Mio. DM investiert LEGO derzeit in eine neue LEGO-World bei Windsor in England und plant ein weiteres Projekt in Kalifornien. Was LEGO so erfolgreich macht? Ganz sicher das einfache Grundprinzip der Bausteinchen, das unbegrenzte Möglichkeiten zu immer neuen Fantasiebauten erlaubt. Zwar werden im Herzstück von Europas größtem Spielzeughersteller, der Lego-Futura-Denkfabrik, immer neue Elemente erfunden und getestet, aber schon der Grundbaukasten reicht für herrliches Spielen!

Polyglott **65**

Route 5

Durch das nördliche Mitteljütland

Søndervig – *Ringkøbing – *Silkeborg – **Århus – Grenaa – *Viborg
– Holstebro – Søndervig (403 km)

**Keine andere Route bietet solch
großartige Vielfalt: gewaltige Dünen
an der Nordseeküste, das bewaldete
Seenhochland von *Silkeborg, die
malerischen Mols Bjerge, sanfte Ost-
seestrände, die weiten Heiden Zen-
traljütlands und dazu interessante
Provinzstädte mit herausragenden
Museen.**

Die Route beginnt in Søndervig (Route 1), und schon bald lohnt der erste
Stopp an der romanischen Grantiquar-
derkirche *Gammel Sogn Kirke mit
eindrucksvollen Kalkmalereien von ca.
1170 (z. B. vom Teufel und den Seelen).

In *Ringkøbing (8700 Einw.), 9 km,
hält das örtliche Informationsbüro einen Vorschlag für Spaziergänge durch
das lebendige Einkaufsstädtchen bereit
– die beste Art, die vielen Details in den
schmucken Gassen zu erkunden. In der
Sommersaison kann man auch den
Nachtwächtern bei ihrem *Rundgang
folgen. Eine optische Täuschung läßt
den Turm (1550) der gotischen Backsteinkirche neben dem Marktplatz
schief erscheinen, dabei wird er nach
unten nur schmaler.

🛈 Torvet, 6950 Ringkøbing,
☎ 97 32 00 31, 📠 97 32 49 00.
🚃 Westküstenbahn Esbjerg–Struer.
🚢 Im Sommer nach Hvide Sande.

🏨 **Fjordgården,** Vesterkær 28,
☎ 97 32 14 00, 📠 97 32 47 60. Ausge-
zeichnetes Familienhotel mit Spaßbad,
guter Küche und günstigen Sommerpreisen. Ⓢ))

⚠ **Ringkøbing Camping,** Vellingvej 56,
☎ 97 32 08 38. Mit Hütten und Wohnwagen.

Herning (29 000 Einw.), 55 km, hatte
1840 nur 20 Einwohner, wuchs dann
erst zu einer Messestadt und ist durch
das Mäzenatentum der örtlichen Tex-
tilindustrie auch eine wichtige Kunst-
stadt geworden. So zeigt *Herning
Kunstmuseet* eine exquisite Sammlung
dänischer und internationaler Kunst mit
dem Schwerpunkt ab den 1960ern (Va-
sarély, Manzoni u. a.). Den Innenhof des
spiralförmigen Gebäudes schmückt ein
220 m langer *Keramikfries von Carl-
Henning Pedersen. Ausschließlich Werke von Pedersen und seiner Frau präsentiert das benachbarte *Carl-Henning
Pedersen und Else Alfelt Museum* in
zwei architektonisch ausgefallenen und
ebenfalls mit Keramikarbeiten verzierten Gebäuden (Rundbau von 1976, Py-
ramide von 1993). In einem Wäldchen
hinter den Museen findet man noch den
Skulpturenpark. Dieser Gesamtkomplex
im Vorort Birk (direkt an Route 5) ist
eine **-Sehenswürdigkeit.

Im Zentrum Hernings zeigen *Dänemarks Fotomuseum* die Geschichte
der Fotografie und Fotokunst sowie
das *Herning Museum* volkskundliche
Sammlungen aus der Region.

*Silkeborg (36 000 Einw.), 95 km, die
freundliche Stadt zwischen den Seen
lädt zu Kunstgenuß ebenso wie
zum Wadern und Wassersport. *Aqua,
ein Museums- und Aktivitätscenter,
bietet dementsprechend viel Wissenswertes zum Thema Süßwasser. Daneben besitzt die Stadt noch zwei hoch-
karätige Museen: **Silkeborg Kunstmuseum* ging aus der Sammlung des
Künstlers Asger Jorn (s. S. 17) hervor.
Mit eigenen Werken (**Stalingrad)
und von ihm gesammelten Arbeiten
seiner Zeitgenossen und Vorläufer –
neben Malerei auch Grafik, Keramik
und Webarbeiten – wollte Jorn Ursprung und Entwicklung der abstrakt-
spontanen Kunst dokumentieren. Herausragende Abteilung im *Silkeborg

5

Seite
69

66 Polyglott

ROUTE 5

Museum ist die *Eisenzeitausstellung rund um die 2200 Jahre alte Moorleiche des **Tollundmannes, dessen Kopf so faszinierend gut erhalten ist.

❶ Åhavevej 2 A, 8600 Silkeborg, ☎ 86 82 19 11, 📠 86 81 09 83.

🚆 Strecke Århus–Herning.

🏨 **Dania,** Torvet 5, ☎ 86 82 01 11, 📠 86 80 20 04. Traditionsreiches Hotel im Zentrum. Ⓢ))
Scandic Silkeborg, Udgårdsvej 2, ☎ 86 80 35 33, 📠 86 80 35 06. Modernes Hotel am westlichen Stadtrand mit Blick auf einen der Seen. Ⓢ)
Gammel Rye Kro, Ryesgade 8, 8680-Ry/Gammel Rye, ☎ 86 89 80 42, 📠 86 89 85 46. Landgasthof mit deftiger Küche nahe dem Himmelbjerget. Ⓢ
Himmelbjerget, ☎ 86 89 80 45, 📠 86 89 87 93. Saisonhotel auf dem Gipfel des Himmelbjerget. Ⓢ
△ **Silkeborg Sø Camping,** Århusvej 51, ☎ 86 82 28 24. Mit Hütten.

Die verlockendste Art, die ganze Region um Silkeborg zu entdecken: eine Rundfahrt mit dem *Raddampfer **Hjejlen,** der seit 1861 auf fester Route im Einsatz ist. Er legt auch am Fuß des 147 m hohen **Himmelbjerg an, der bis Mitte des 19. Jhs. als höchster Gipfel Dänemarks galt; auch wenn dies nicht stimmt, der Aufstieg wird mit einer traumhaften Aussicht über die Seen belohnt! Der Turm auf der Spitze des Himmelbjerg erinnert an Frederik VII. und die von ihm unterzeichnete Verfassung von 1849, mehrere Gedenksteine in der Umgebung an andere nationale Ereignisse. – Zwei weitere Attraktionen in der Umgebung von Silkeborg: die 135 Oldtimer in *Jütlands Automuseum* in Gjern und das *Hotel- und Restaurantmuseum Ludvigslyst* (☎ 86 89 80 40, Ⓢ)) – speisen im Stil und Ambiente der Jahrhundertwende – bei Svejbæk an der Uferstraße nach Ry.

Nostalgiereise mit dem „Hjejlen"

Asger Jorn im Kunstmuseum

Der Tollundmann, Silkeborg Museum

Szenenwechsel

Auf das flache, heidebewachsene Zentraljütland folgt östlich von Herning das landschaftlich abwechslungsreichere „Seenhochland". Aufgereiht an Dänemarks längstem Fluß, der Gudenå, füllen Seen die Täler inmitten bewaldeter Hügel. Die Region ist ein Paradies für Wanderer und Radfahrer (markierte Routen) sowie für Kanuten, die aber Beschränkungen aus Naturschutzgründen hinnehmen müssen (Informationen bei den ❶-Büros).

Polyglott **67**

ROUTE 5

Durch Dänemarks zweitgrößte Stadt **Århus,** 133 km (s. S. 43 ff. u. Route 2) führt die Route auf die Halbinsel *Djursland,* eine vielseitige Landschaft mit bewaldeten Hügeln, Heideflächen, Stränden und Strandwäldern. Überall findet man eindrucksvolle Zeugnisse aus der Vorzeit, wie Dolmen- und Kammergräber.

Unterwegs nach Osten bietet sich der eine oder andere Abstecher an, z. B. auf der Margeriten-Route zum Renaissance-Wasserschloß *Rosenholm* (16. Jh.), in Thorsager an Jütlands einziger Rundkirche aus dem Mittelalter vorbei bis zur Küste nahe der *Kalø-Schloßruine.* In der bewaldeten Moränenlandschaft **Mols Bjerge** (max. 137 m am Agri Bavnehøj), die in der letzten Eiszeit geformt wurde, sollte man das steinzeitliche Dolmengrab Poskær Stenhus nicht übersehen.

Ebeltoft (4000 Einw.; Fährverbindung nach Sjællands Odde, Seeland) bezaubert mit einer malerischen Altstadt. Die Nachtwächterrundgänge im Sommer führen natürlich auch zu den schönsten Gebäuden, dem Alten Rathaus von 1789 und dem Färberhof. Stolz des Hafens ist nach jahrelanger Restaurierung die *Fregatte Jylland,* die 1860 als letzter Holzsegler der dänischen Marine vom Stapel lief. Moderne Glaskunst aus aller Welt zeigt das *Glasmuseum.*

Grenaa (14 000 Einw.), 200 km, beherbergt als Hauptstadt das Regionalmuseum *Djurslands Museum* samt *Djurslands Fischereimuseum.* Direkt am Fährhafen öffnete 1993 das **Kattegatcenter** seine Pforten, das „ozeanische Erlebnisse" vermitteln will. In den diversen Aquarien wird auf interessante Weise die Meeresfauna Dänemarks gezeigt. Die Haie, die man durch einen Panoramagang im Becken fast hautnah erleben kann, stammen allerdings aus den Tropen.

Ein **Naturparadies** mit schönen Stränden und Dünenlandschaften, Vogel- und Robbenschutzgebieten ist die 2237 ha kleine Insel **Anholt** im Kattegat, die 170 Menschen bewohnen. Anholt ist mit fast 3stündiger Schiffsüberfahrt ab Grenaa 1–2mal täglich zu erreichen, bietet aber nur einen Campingplatz, („Anholt Camping", Nordstrandvej 150, ☎ 86 31 91 00, Wohnwagenvermietung) und ca. 60 Ferienhäuser zum Übernachten (Vermittlung durch das ❶-Büro, Østervej 14, 8592 Anholt, ☎ 86 31 91 33).

Im Nordteil von Djursland findet man neben den beeindruckenden *Steinzeitgräbern* von Tustrup auch zwei Schlösser, die Gäste aufnehmen: Seit 1960 betreiben Zisterzienserinnen im Hauptgebäude der dreiflügeligen, von einem breiten Burggraben umgebenen Burg *Sostrup* eine Schloßpension mit sehr viel Atmosphäre (Sostrup Slot, Maria Hjerte Engen, 8500 Grenaa-Gjerrild, ☎ 86 38 41 11, ☏ 86 38 42 06,

ROUTE 5

Ⓢ, auch Ferienwohnungen). In die Wirtschaftgebäude von *Mejlgård* (1573), ist ein Schloßkro eingezogen, der auch eine exzellente Küche bietet („Mejlgaard Herregårdspension & Slotskro", Mejlgaardvej 7, 8585 Glesborg, ☎ 86 31 71 74, Ⓢ).

Daß im Oktober 1993 bei Dystrup acht Bronzezeitschwerter gefunden wurden, war für Archäologen eine echte Sensation. Bei Nimtofte wird der Freizeitpark *Djurs Sommerland* Kinder begeistern.

**Gammel Estrup, 235 km, westlich von Auing, wurde im Laufe der Zeit zu einem großartigen Renaissanceschloß ausgebaut. Zur reichen Ausstattung paßt gut das hier eingerichtete *Jütlands Herrensitzmuseum,* und in den Wirtschaftsgebäuden gibt es das *Dänische Landwirtschaftsmuseum.* Unmengen von Gerätschaften vermitteln ein Bild vom Land-

Vor dem Alten Rathaus von Ebeltoft

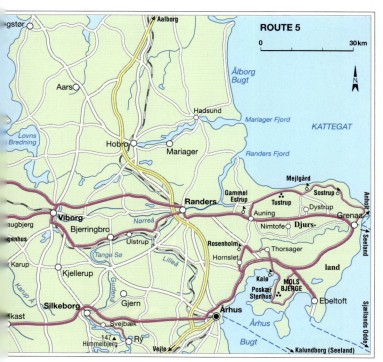

ROUTE 5

leben vergangener Tage, und einige Techniken, wie Dreschen und Kornmahlen, kann man auch selbst probieren.

Eine reizvolle Landschaft als auf der direkten Strecke nach Viborg durchfährt man an der *Gudenå* entlang zum Stausee Tange Sø. Dort entstand 1921 Dänemarks größtes Wasserkraftwerk, in dem jetzt das

** El-Museum (Elektro-Museum) eingerichtet ist. Rund um die Elektrizität und ihre Bedeutung im Alltag drehen sich Ausstellungen und zahlreiche Experimente, die man selbst durchführt.

* Viborg (30 000 Einw.), 300 km, war der nördliche Endpunkt des historischen Heerwegs (Route 3). Hier huldigte die jütländische Ständeversammlung von der Wikingerzeit bis zum Beginn des Absolutismus den Königen. Das *Huldigungsmonument* neben der Domkirche zeigt Margrete I. mit ihrem Neffen Erik von Pommern. Der perfekt „romanische" *** Dom** ist das bekannteste Gebäude der Stadt, aber: es ist ein Nachbau anno 1864–79, vom baufälligen Vorgängerdom aus dem 12. Jh. blieb nur die Krypta. Beeindruckende Wand- und Deckengemälde mit Bibelmotiven auf einer Gesamtfläche von ca. 1600 m² schuf Joakim Skovgaard (1856–1933), dem gleich neben dem Dom das *Skovgaard-Museum* im alten Rathaus von Viborg gewidmet ist.

❶ Nytorv 9, 8800 Viborg,
☎ 86 61 16 66, 🖷 86 60 02 38.
🚃 Strecke Århus–Holstebro.

🏨 **Palads Hotel,** Skt. Mathias Gade,
☎ 86 62 37 00, 🖷 86 62 40 46. Traditionsreiches Stadthotel, zentral in der Nachbarschaft des Doms gelegen. Ⓢ⟩⟩
△ **Viborg Camping,** Vinkelvej,
☎ 86 67 13 11, mit Hütten- und Wohnwagenvermietung.

Bald hinter Viborg kann die *Daugbjerg Kalkgruber,* 319 km, besichtigt werden, deren Gänge kilometerlang im Untergrund verlaufen. Die Geschichte der Kalkgrube reicht zurück bis zur Wikingerzeit.

Eine längere Alternativroute zum Weg nach Holstebro führt von Viborg über die Kleinstadt Skive (Museum mit großem *** Bernsteinfund** aus der Vorzeit: 13 001 Perlen) auf die Halbinsel Salling.

Nahe Glyngøre – der Name der Stadt steht fast synonym für Qualitäts-Fischkonserven aus Dänemark, die hier fabriziert werden – spannt sich die moderne, 1730 m lange Brücke über den Sallingsund zur großen Limfjordinsel

* Mors (36 331 ha; 24 000 Einw.). Will man von Mors weiter an die Nordseeküste (Route 1) könnte es sein, daß die 400 m lange Vilsund-Brücke im Norden gerade ihre beiden Hälften in die Höhe klappt, um ein Schiff durchfahren zu lassen. Hauptstadt von Mors ist *Nykøbing M.* (9500 Einw.; ❶ Havnen 4, 7900-N./M., ☎ 97 72 04 88), wo im ehemaligen Johanniterkloster Dueholm das bedeutende Regionalmuseum *Morslands Historiske Museum* untergebracht ist. Südlich der Stadt kombiniert **** Jesperhus Blomsterpark** eine gepflegte Gartenschau und einen vielseitigen Freizeitpark mit Vogelhäusern, Aquarium und Terrarium. – Das *** Molermuseum** in Sejerslev (Nordmors) zeigt Fossilienfunde und informiert über die Molererde, aus der die über 60 m hohen Klippen *** Hanklit,** der eindrucksvollste Küstenabschnitt von Mors, und die schmale Landzunge *Feggeklit* ganz im Norden aufgebaut sind.

Im Westteil von Salling verschanzt sich nahe dem Limfjordufer die mittelalterliche **** Burg Spøttrup** hinter mächtigen Wällen und einem Wassergraben. Die Burg im Stil der Gotik zählt zu den ältesten überhaupt im Lande.

Östlich von Vinderup breitet sich am Ufer des Flynderø das volkskundliche Freilichtmuseum **** Hjerl Hede** aus. Es dokumentiert mit Häusern, die aus dem ganzen Land hierhergebracht wurden, das Landleben vom 16. bis zum 19. Jh. In der Saison spielen Laiendarsteller immer wieder kleine Stücke mit Alltagsszenen; eine Freilichtabteilung be-

70 Polyglott

ROUTE 5

faßt sich darüber hinaus mit dem Leben und Arbeiten in der Steinzeit. Die nahe *Sahl Kirke* besitzt einen **Goldaltar* (genaugenommen vergoldetes Kupferblech) von ca. 1220, der als Höhepunkt jütländischer Kirchenkunst anzusehen ist.

Holstebro (30 000 Einw.), 352 km, wirkt sehr modern mit langen verkehrsberuhigten Einkaufsstraßen. Ein Bummel lohnt schon wegen der modernen *Kunstwerke, die überall aufgestellt sind, darunter die *Kleine Meerjungfrau* im Foyer des „Hotel Schaumburg", eine der wenigen von Edvard Eiksen selbst geschaffenen Repliken des berühmten Kopenhagener Originals, und die *Frau auf dem Wagen* des Schweizers Alberto Giacometti gegenüber dem Hoteleingang vor dem alten Rathaus; das Info-Büro hält eine spezielle Broschüre für einen Stadtrundgang zu den Kunstwerken bereit. Spektakulär für Nachtschwärmer: die Laserskulptur *Kaos Tempel* am Sendemasten des Regionalfernsehens östlich des Zentrums. Wer moderne Kunst lieber im Museum genießt, kommt im *Holstebro Kunstmuseum* auf seine Kosten, gezeigt werden moderne Malerei und Grafik ab den 1930ern sowie Ethno-Kunst. Originell ist das *Kleinkunstmuseum* im ehemaligen Stadtzollhaus *Bomhuset:* Auf Mini-Fläche werden Mini-Kunstwerke präsentiert.

Einer der ganz wenigen Herrensitze Westjütlands, *Nørre Vosborg* ist leider nur teilweise zugänglich. In der Kirche von Staby lohnt ein Blick auf die romanische *Pracht-Apsis,* bevor man bei Vederso Klit, 388 km, die Nordseeküste und Route 1 erreicht.

Neben dem Chor der *Vederso Kirke* im Hinterland ist der wahrscheinlich von der Gestapo ermordete Dichter-Priester Kaj Munk (1898–1944) begraben. Der Autor von Dramen und Bühnenstücken hatte sich 1940 dem Widerstand angeschlossen. – In südlicher Richtung kommt man bald nach Søndervig, 403 km, dem Ausgangspunkt der Route.

Der Dom zu Viborg

Mittelalterliche Burg Spøttrup

Schloß Gammel Estrup

Grüner Ton und helle Kieselalgenschalen

Die kleine Limfjordinsel *Fur* ist für geologisch Interessierte ein Muß, denn hier treten 50 Mio. Jahre alte gefaltete Ablagerungen eines Urmeeres mit erkennbaren Ascheschichten von Vulkanausbrüchen aus den Kindertagen der Erde an die Oberfläche, sogenannte Molererde-Schichten; die Hintergründe vermittelt das geologische *Fur-Museum*.

Polyglott **71**

Route 6

Fünens Vielfalt erfahren

Middelfart – **Odense – *Nyborg (Fünen Transit, 73 km).

Middelfart – *Faaborg – *Svendborg – *Nyborg – *Kerteminde – Middelfart (Rund um Fünen, 240 km).

Fünen, „der Garten Dänemarks", besitzt bestes Ackerland, und so haben hier seit der Vorzeit Menschen gut leben können. Von all ihren Hinterlassenschaften sind die Schlösser und Herrensitze unübertroffen. Alle Stilarten sind vertreten, vom romanischen **Königsschloß Nyborg bis Gut Holstenshus bei Faaborg, das 1910 in historistischem Schick entstand.

Der reine Transit über Fünen (73 km) ist auf der Autobahn E 20 in 45 Min. zu bewältigen. Doch es wäre schade, nur auf die Uhr und nicht rechts und links zu schauen oder die Inselhauptstadt **Odense (s. S. 36 ff.) auszulassen; darum lieber die parallel verlaufenden Straßen nutzen und mehr Zeit einplanen.

Middelfart (12 800 Einw.) entstand um die „mittlere Überfahrt" über den Kleinen Belt (auf Jütland dann Anschluß an Route 4). Die Rolle der Stadt als Brückenkopf nach Westen dokumentiert das *Middelfart Museum im imponierenden, leuchtend dunkelroten Henner Friser's Hus, einem Fachwerkhaus von 1570. Außerdem wird über den Walfang informiert: Der Kleine Belt war bis Ende des 19. Jhs. Dänemarks bedeutendster Walfangplatz. In der Skt. Nicolai Kirke hängen noch die gewaltigen Kieferknochen eines 1603 gefangenen Großwals.

❶ Havnegade 10, 5500 Middelfart, ☎ 64 41 17 88, 🖷 64 41 34 85.

🚃 Hauptstrecke Kopenhagen – Jütland.

🅗 **Kongebrogaarden,** Indevej 2, ☎ 64 41 11 22, 🖷 64 41 32 15. Modernes komfortables Hotel mit gutem Restaurant direkt am Wasser, mit Aussicht auf den Kleinen Belt und die Brücken. Ⓢ
Hindsgavl Slot, Hindsgavl Allé 7, ☎ 64 41 88 00, 🖷 64 41 88 11. Schloß- und Konferenzhotel in wunderschöner Waldlage am Kleinen Belt. Ⓢ
⚠ **Hindsgavl Camping,** Søbadvej 10, ☎ 64 41 55 42. Mit Wohnwagenvermietung.

Zwischen Middelfart und Odense (siehe S. 36 ff.) kann man beim großen Vergnügungspark *Fyns Sommerland,* 21 km, Station machen. Kinder werden von den Wasserrutschen und Spielangeboten nicht genug bekommen können. Rund um Vissenberg, 28 km, gibt es allerlei Tierisches: Wasserbewohner in *Fyns Aquarium,* Echsen und Reptilien im *Vissenberg Terrarium,* und etwas südlicher *Frydenlund Vogelpark* mit 700 Vögeln aus aller Welt.

Fünens Schmuckstück

Einen ganzen Tag kann schon der Besuch des zwischen **Odense und *Svendborg gelegenen Schlosses

Egeskov füllen. Es zählt zu Europas schönsten Renaissance-Wasserburgen, rote Backsteinmauern, Türme und Treppengiebel spiegeln sich im Wasser vor dem Grün des herrlichen 15 ha großen Parks, u. a. mit Fuchsienpflanzungen, kunstvoll geschnittenen Buchsbaumhecken, einem Bambus-Irrgarten und einem uralten Kräutergarten. In den Wirtschaftsgebäude gibt es Ausstellungen mit Landwirtschaftsgeräten und Kutschen sowie ein Oldtimermuseum mit Autos und Flugzeugen. (🕐 Mai/Sept. 10–17 Uhr, Juni–Aug. 9–18 Uhr, Schloß nur 10–17 Uhr.)

---

72 Polyglott

ROUTE 6

*Nyborg (15 000 Einw.), 73 km, ist eine der charmanten dänischen Städte mit liebevoll bewahrtem historischem Stadtbild: das längste Stadttor (40 m) des Landes, ***Landporten**, und der malerische Fachwerkhof des Bürgermeisters, *Mads Lerches Gaard,* der ein Heimatmuseum beherbergt. Das älteste dänische Königsschloß ****Nyborg Slot** (ca. 1170), im Mittelpunkt der Stadt, war im Mittelalter fast 200 Jahre lang auch Mittelpunkt des Reiches und Schauplatz der oligarchischen Danehof-Sitzungen. Nach Jahren des Verfalls rettete der Staat das Schloß. Den ganzen Sommer über dient der Rittersaal als Konzertsaal für sonntägliche Kammermusikkonzerte.

Auf Eichenpfählen gebaut: Schloß Egeskov

❶ Torvet 9, 5800 Nyborg, ☎ 65 31 02 80, 📠 65 31 03 80.

🚌 Kopenhagen–Jütland.
⛴ Nach Korsør (Route 7).

🏨 **Hesselet**, Christianslundvej 119, ☎ 65 31 30 29, 📠 65 31 29 58. Tophotel im Stil der 60er Jahre im Wald direkt am Meer. 💲💲
Nyborg Strand, Østerøvej 2, ☎ 65 31 31 31, 📠 65 31 37 01. Traditionsreiches Kongreß- und Ferienhotel mit großer Kapazität direkt am Großen Belt. 💲💲, im Sommer 💲
⛺ **Grønnehave Strand Camping**, Rejstrupvej 83, ☎ 65 36 15 50. Platz mit Hütten und Wohnwagen.

Peter-Willemoes-Denkmal am Hafen von Assens

4 km östlich endet die E 20 vorläufig am Fähranleger Knudshoved, aber die ****Rekordbrücke** über den Großen Belt hat schon deutlich Konturen angenommen (s. S. 81). Auf der fünischen Seite besteht sie aus einer fast 7 km langen kombinierten Flachbrücke, die außer einer Autobahn auch die Eisenbahnschienen trägt.

Häuserzeile mit Mads Lerches Gaard in Nyborg

Polyglott **73**

ROUTE 6

Die gemütliche Fahrt rund um Fünen (Karte: 6b) beginnt ebenfalls in *Middelfart*. Der landschaftlich reizvollste Weg folgt aus der Stadt heraus der Margeriten-Route und dann Straße 313 nach

Assens (5600 Einw.; ⛴ zur Insel Bågø), 35 km, einer 800 Jahre alten Handelsstadt. Hier wurde der Seeheld Peter Willemoes (1783–1808) geboren, der als 18jähriger in der Schlacht auf der Reede vor Kopenhagen so berühmt wurde daß ihm die Stadtväter ein Denkmal am Hafen auf- sowie ein Gedenk- und Seefahrtsmuseum in seinem Geburtshaus einrichteten. Das Ergebnis großbürgerlicher Raritäten- und Antiquitäten-Sammelleidenschaft zeigt die private *Ernst Sammlung* (u. a. Porzellan, Glas, Silber). Südöstlich der Stadt finden Hobbygärtner Ideen aus sieben europäischen Ländern in der harmonisch gestalteten, großen Anlage *De 7 Haver* (7 Gärten).

Über Gummerup, 52 km, wo das volkskundliche Museum *Vestfyns Hjemstavnsgård in einem der schönsten Fachwerkhöfe Fünens untergebracht ist, kommt man nach Faldsled, einem Dörfchen direkt am Meer. Der „Falsled Kro" gilt als Inbegriff luxuriöser Kro-Gastlichkeit (Assensvej 513, 5642-Millinge, ☎ 62 68 11 11, 📠 62 68 11 62, Ⓢ)). Ebenso einladend ist 3 km östlich „Steensgaard Herregårdpension"; 14 stilvoll mit Antiquitäten eingerichtete Zimmer bietet der Gutshof, dessen älteste Teile aus dem 14. Jh. und dessen Hausgespenster aus dem 16. Jh. stammen (Steensgaard 4, Millinge, 5600-Faaborg, ☎ 62 61 94 90, 📠 62 61 78 61, Ⓢ)). Südlich von Steensgaard liegt auf der Halbinsel Horne Land die *Horne Kirke, Fünens einzige romanische Rundkirche, die in gotischer Zeit ein Mittelschiff mit Chor sowie einen mächtigen Westturm samt Verbindungsstück angebaut bekam – eine eigenwillige Architektur. Eine Grafenloge von 1820, Kopenhagener Theaterlogen nachempfunden, im Inneren scheint fast genauso eigenwillig. 6 km westlich besteht ab dem Fährhafen

Bøjden regelmäßig Verbindung nach Fynshav auf Als (s. Route 3).

*Faaborg (7200 Einw.), 75 km, hat in der Altstadt viele malerische Winkel, die man vom Glockenturm der ansonsten abgerissenen *Skt. Nicolai Kirke* am besten überblickt. *Faaborg Museum for Fyns Malerkunst,* in einem neoklassizistischen Gebäude von 1905, zeigt Werke der Fünen-Maler und heimischer Bildhauer, wie Kai Nielsen (1882 bis 1924), der auch den freizügigen *Ymerbrunnen* auf dem Marktplatz schuf.

❶ Havnegade 2, 5600 Faaborg, ☎ 62 61 07 07, 📠 62 61 33 37.

⛴ Nach Gelting (Deutschland) und zu einigen vorgelagerten Inseln (s. S. 75).

🏨 **Fåborg Fjord,** Svendborgvej 175, ☎ 62 61 10 10, 📠 62 61 10 17. Modernes Hotel mit guter Ausstattung und Restaurant am Stadtrand. Ⓢ))
Færgegaarden, Chr. IX's Vej 31, ☎ 62 61 11 15, 📠 62 61 11 95. Hotel im alten Kern von Faaborg mit gutem Restaurant. Ⓢ)

△ **Bøjden Strand Camping,** Bøjden Landvej 12, Bøjden, ☎ 62 60 12 84, Hütten- und Wohnwagenvermietung.

*Svendborg (26 000 Einw.), 100 km, ist die zweitgrößte Stadt Fünens. Beim Bummeln gibt es viel zu entdecken: ausgezeichnet restaurierte Fachwerkhäuser im Zentrum, schön hergerichtete Speicher am Hafen und geschäftige Fußgängerstraßen. Abends locken lebendige Cafés, Kneipen und Restaurants. Im *Anne Hvides Gård* von 1560 hat ein kulturhistorisches Museum (18./19. Jh.) seinen Sitz, und im *Viebæltegård,* einem bis 1974 genutzten Armenhaus, sind u. a. die reichen Vorzeitfunde der Umgebung zusammengetragen. Die Fauna ganz Dänemarks, insbesondere die Vogelwelt, stellt *Svendborgs zoologisches Museum anschaulich in Dioramen vor.

❶ Für Südfünen und Tåsinge: Centrumspladsen, 5700 Svendborg, ☎ 62 21 09 80, 📠 62 22 05 53.

74 Polyglott

ROUTE 6

Die Dänische Südsee

Als „Dänische Südsee" oder auch mal „Dänische Karibik" preisen vor allem Wassersportler die Inselwelt südlich von Fünen, und das Bild wird perfekt, wenn wieder eine Gruppe kleiner Delphine zwischen den Freizeitseglern herumspielt. Die karibischen Assoziationen vergißt man aber in den Dörfern und Städtchen auf den Inseln: Viele entsprechen den Erwartungen vom Märchenland aus Andersens Zeiten.

Inselfeeling total erlebt man natürlich auf den kleinsten, aber schönen und ruhigen Inseln am besten. Gutes Wetter vorausgesetzt, ist schon die Anfahrt mit einer der Kleinfähren ein Genuß. Ab Svendborg erreicht man *Hjortø* (90 ha; 15 Einw.), *Skarø* (197 ha; 25 Einw.) und **Drejø* (426 ha; 100 Einw.), ab Faaborg *Avernakø* (586 ha; 95 Einw.), *Bjørnø* (150 ha; 30 Einw.) und **Lyø* (60 ha; 145 Einw.). Letzteres ist mit einem heimeligen Dorfmilieu und dem Dolmengrab **Klokkestenen* ein äußerst reizvolles Tagesausflugsziel. Gleiches gilt für **Stynø* (488 ha; 200 Einw.) mit seinem urigen Kro, wo es hervorragende Aalgerichte gibt (⑤).

Ein paar Nummern größer ist **Ærø* (8807 ha; 7800 Einw.), mit Fährverbindungen ab Svendborg und Faaborg auf Fünen, Rudkøbing auf Langeland und Mommark auf Als (s. Route 3) zu erreichen. Kleine Dörfer mit reetgedeckten Häusern und zwei pittoreske Städte prägen das idyllische Bild. Den größten Anteil daran hat sicher **Ærøskøbing* mit seinen verwinkelten Gassen, den meterhohen Stockrosen vor gepflegten Fachwerkhäusern, den verzierten, bunten Hauseingängen und den beiden alten Wasserpumpen auf dem Marktplatz und natürlich mit dem Dukkehuset, dem kleinsten Haus der Stadt. Das bekannteste der örtlichen Museen, die **Flaschenschiffsammlung*, zeigt mehrere hundert „Buddelschiffe", die der „Flaschen Peter" Zeit seines Lebens gebaut hat. *Marstal* wirkt moderner, obwohl es ebenfalls im 18. und 19. Jh. eine Blüte als Handels- und Seefahrerstadt erlebte: Die Handelsflotte war zeitweise größer als die Kopenhagens. Diese alte Seefahrertradition lebt in *Jens Hansens Søfartsmuseum* wieder auf oder kann im Hafen live erlebt werden, wo im Sommer oft Oldtimerschiffe festmachen. Sehenswürdigkeiten außerhalb der beiden Städte sind einige Landkirchen und Hinterlassenschaften der Vorzeit: *Bregninge Kirke* besitzt neben spätgotischen Kalkmalereien einen *Claus-Berg-Altar (s. S. 17), Søby Voldanlæg ist Rest einer Wallanlage aus der Wikingerzeit, und in Store Rise stößt man auf ein Dolmengrab.

6

Seite 77

🚌 Nach Odense.
⛴ Zu mehreren vorgelagerten Insel (s. o.).
🏨 **Svendborg,** Centrumspladsen, ☏ 62 21 17 00, 📠 62 21 90 12. Modernes Stadthotel in guter, zentraler Lage. ⑤⟩
Svendborg Vandrerhjem, Vestergade 45, ☏ 62 21 66 99, 📠 62 20 29 39. Ebenfalls zentral gelegene, hervorragend ausgestattete Herberge,

Polyglott **75**

ROUTE 6

die nur 2–4-Bett-Zimmer bietet. ⑤
⚠ **Vindebyøre Camping,** Vindebyøre-
vej, Tåsinge, ☎ 62 22 54 25. Mit
Hütten und Wohnwagen.

Ein Abstecher über die Svenborgsund-
Brücke oder ein herrlicher Ausflug mit
dem Oldtimerschiff *M/S Helge* (1924
gebaut) führen zur Insel *Tåsinge*
(6979 ha; 6000 Einw.). Fachwerkhäuser
mit ihren Reetdächern prägen den idyllischen Charakter des Hauptortes
Troense. Nach einer Besichtigungstour
durch verschwenderisch-kostbar ausgestattete Räume der barocken Schloß-
anlage **Valdemars Slot** mit den Herrensitzmuseum wäre eine Mahlzeit im
originellen Restaurant „Den Grå Dame“
(⑤)) unter der Schloßkirche und die
Übernachtung in der „Pension Valdemars Slot“ (Slotsalléen 100, 5700
Svendborg, ☎ 62 22 59 00, 📠 62 22 69
10, ⑤)) die perfekte Abrundung.

Über eine weitere Brücke erreicht man
Langeland (28 381 ha; 15 157 Einw.),
von wo auch Fährverbindungen mit
Tårs (Lolland, Route 8), Korsør (Seeland, Route 7) und Kiel in Deutschland
existieren. Flache kinderfreundliche
Strände, aber auch einige Steilufer,
besonders im Süden sind das Kapital
der größten Insel in der Dänischen Südsee. Die Inselhauptstadt *Rudkøbing*
(❶ Langeland Touristbureau, Torvet 5,
5900 Rudkøbing, ☎ 62 51 35 05) besitzt ein gemütliches Hafenviertel und
viele malerische Gassen, insbesondere
rund um den Marktplatz Torvet.

Tip:

Naturliebhaber können auf langen
Wanderwegen das Naturschutzgebiet auf der zur Landzunge Ene-
bærodde, die sich vor die Mündung
des Odense Fjord schiebt, entdecken.
Von dort zieht sich einer der besten
Strände Fünens nach Westen bis zur
Spitze *Flyvesand* (Dünengelände)
auf der Halbinsel Agernæs.

Den sehenswerten Fachwerkhof an der
Fußgängerzone Østergade nutzt heu-
te der originelle Antiquitätenhandel
Tingstedet samt urigem Musikcafé. –
Dörflich wirkt das Örtchen *Tranekær*
mit dem Tranekær Slot, dessen Nord-
flügel aus dem 13. Jh. stammt. Das
Schloß ist seit 1672 Stammsitz der
Lehnsgrafen Ahlefeldt. Die Schloß-
mühle von 1845 beherbergt ein Müh-
lenmuseum, immerhin ist Langeland
eine Mühleninsel: Neben modernen zur
Stromgewinnung blieben zehn alte
Windmühlen erhalten, neun davon aus
dem vergangenen Jahrhundert. Grauer
Vorgeschichte kann man an den rund
30 bekannten prähistorischen Fundstätten nachspüren: Gleich neben der
ungewöhnlich großen spätromanischen
Kirche von Humble findet man das
55 x 9 m große Langdolmengrab *Kong
Humbles Grav*. Zu den kulturellen Über-
raschungen, die Dänemarks Provinz
bereithält, gehören die hervorragend
besetzten klassischen Sommerkonzerte
in der *Stoense Kirche* im Norden Lan-
gelands.

Die Hauptroute verläßt Svendborg
Richtung *Nyborg,* 113 km (Karte: 6 a).
Alternativ kann man ein Stück Margeriten-Route wählen: Am barocken
Herrensitz *Glorup* (16./18. Jh.; groß-
zügiger *Park* mit zahlreichen Skulpturen) vorbei bis Ørebæk. Dort liegen westlich nahe der Straße und in
einem Wäldchen die sieben steinzeit-
lichen **Lindeskov Gräber** (Kammergrab, Rund- und Langdolmen, darunter
der mit 168 m längste Dänemarks).
Schließlich erreicht man ebenfalls *Nyborg* (s. S. 73).

Kerteminde (5400 Einw.), 153 km. Die
Hafenstadt, die von der Fischerei lebt,
aber auch ein modernes Meeresbiologi-
sches Forschungszentrum am Hafen
besitzt, breitet sich um die Mündung
des Kerteminde Fjord in die Ostsee aus.
Im Stadtkern sind schmucke Fachwerkhäuser bewahrt, der *Farvergården* (von
1630) ist Sitz des Heimatmuseums. Nahe der Straße, die den Ort nach Norden
verläßt, weist die restaurierte Wind-

6

Seite
77

76 Polyglott

ROUTE 6

mühle *Svanemøllen* den Weg zum
Johannes-Larsen-Museum, in dem
der Landschaftsmaler (1867–1961) gelebt und gearbeitet hat. Heute werden
hier seine Werke und die anderer Fünen-Maler gezeigt.

❶ Strandgade 1 B, 5300 Kerteminde,
☎ 65 32 11 21, 📠 65 32 18 17.

🏠 **Tornøes Hotel,** Strandgade 5,
☎ 65 32 16 05; 📠 65 32 48 40. Traditionsreiches Hotel in Hafennähe. Ⓢ

Dukkehuset in Ærøskøbing

Kerteminde Vandrerhjem, Skovvej 46, ☎ und 🖨 65 32 39 29. Herberge mit 30 gut ausgestatteten Zimmern mitten im Grünen. Ⓢ

⚠ **Kerteminde Camping,** Hindsholmvej 80, ☎ 65 32 19 71. Komfort-Platz mit Hütten.

Von Kerteminde erreicht man schnell die Halbinsel **Hindsholm,** die im Naturschutzgebiet *Fyns Hoved endet, einer der vielseitigsten Küstenlandschaften Dänemarks. Etwa 7 km vor dem Ende der „Sackgasse" liegt östlich der Straße Dänemarks größtes Kammergrab *Mårhøj (Licht mitbringen!).

Südwestlich von Kerteminde barg ein anderer Hügel das einzige wikingerzeitliche Grabschiff Dänemarks, das **Ladbyskib.** Der Rumpf des 21 m langen Bootes, in dem ein Häuptling auf seine letzte Reise ging, war verrottet. Erhalten ist aber ein ausgezeichneter Erdabdruck, in dem deutlich die Skelettreste von 11 Pferden und 4 Hunden sowie Eisennägel und ein Anker zu erkennen sind. Über die Fundstelle ist ein Minimuseum in Form eines Grabhügels gebaut – es beeindruckt durch den „Fundcharakter" der Präsentation.

Nordwestlich von Lunde, 185 km, ist rund um die *Glavendrup-Schiffssetzung ein Gedenkhain, *Glavendruplunden,* gewachsen. Den Kern der Anlage bildet ein **Runenstein aus der Wikingerzeit mit der längsten im Lande bekannten Inschrift aus über 200 Zeichen, die davor warnt, den Stein zu beschädigen oder zu stehlen!

Bogense (3000 Einw.), 208 km, ist die kleinste Stadt Fünens. Das alte Zentrum um Adelgade, Østergade und den Kirchplatz Torvet bietet malerische Winkel mit niedrigen, buntgestrichenen Häuschen. Am meisten fotografiert wird vermutlich seit 1934 ein *Manneken Pis,* Kopie des bekannten Brüsseler Originals (gegenüber Info-Büro).

Nach Westen ist man schnell in *Middelfart,* 240 km, dem Ausgangspunkt der Route.

Route 7

Schnell nach Kopenhagen oder Seeland entdecken

Ab den Fährhäfen im Süden: Rødbyhavn Havn und Gedser – ***Kopenhagen (150 km).

Ab dem Großen Belt: Korsør – ***Kopenhagen (110 km).

Rund um Seeland: Korsør – *Næstved – Køge – ***Kopenhagen – **Helsingør – Nykøbing S. – Korsør (300 km).

Seeland, Dänemarks größte Insel und das am dichtesten besiedelte Gebiet des Landes, zeigt sich so vielfältig wie ein richtiges kleines Land. Hier harren traditionsreiche Urlaubsgebiete noch der Entdeckung durch das deutsche Publikum, allem voran Nordseeland mit ausgezeichneten Sandstränden, Dünen, Küstenwäldern, Schlössern und Museen und mit der Hauptstadt Kopenhagen gleich um die Ecke – ein ideales Ziel für jene, die einen geruhsamen Ferienhausurlaub am Meer mit Ausflügen in eine pulsierende, lebenslustige Großstadt kombinieren möchten.

Will man von den Fährhäfen im Süden nach Kopenhagen, bietet sich die erste Variante (Karte: 7a), von Korsør aus die zweite Variante (Karte 7b) an. Mit der Rundfahrt (Karte: 7c) lassen sich für Seeland viele Kombinationen zu Tagesausflügen daraus zusammenstellen.

Rødbyhavn, der Hafen des Städtchens Rødby auf der Insel Lolland, fungiert seit 1963 als dänischer Brückenkopf der vielbefahrenen Vogelfluglinie nach Puttgarden (s. S. 24). Schon nach 18 km löst das nette Provinzstädtchen **Maribo** (5500 Einw.), in einem attraktiven

78 Polyglott

ROUTE 7

Seengebiet rechte Urlaubsstimmung aus. Hier befaßt sich ein volkskundliches *Freilichtmuseum* anschaulich mit Bauernkultur. In der dreischiffigen *Domkirche* von 1470 am Ufer des Søndersø findet man rechts neben dem Chor das Grab der in Maribo gestorbenen Leonara Christina (1621–1698). Diese Lieblingstochter Christians IV. war vom Schicksal mit einem intriganten Gatten und 22 Jahren Festungshaft gestraft. Ihre Lebensgeschichte „Jammers Minde" – „Denkwürdigkeiten der Gräfin Leonora Christina Ulfeldt" – so der deutsche Titel – gilt als ein Klassiker der dänischen Literatur.

❶ Det gamle Rådhus,
Torvet, 4930 Maribo
☎ 53 88 04 96, 📠 53 88 01 96.

🚆 Nebenstrecke Nakskov–Nykøbing Falster.

🏨 **Hvide Hus**, Vestergade,
☎ 53 88 10 11, 📠 53 88 05 22.
Modernes Hotel im Grünen am See mit günstigen Sommerpreisen. ⓢ – ⓢⓢ
⛺ **Maribo Sø Camping**,
Bangshavevej 25,
☎ 53 88 00 71. Platz mit Hütten, nahe am See.

In den Sommermonaten dampft eine Oldtimerbahn von Maribo nach Bandholm an der Nordküste von Lolland. Dort tummeln sich auf 660 ha im *Knuthenborg Safari-Park* exotische Tiere aus aller Welt.

Brücken überspannen den Guldborg Sund und bald darauf die Meerenge Storstrømmen zwischen Falster und Seeland. Insbesondere die 1937 gebaute, 3200 m lange Storstrømsbro für Straße und Eisenbahn galt zu ihrer Zeit als große Ingenieurleistung. Von den neueren Farø-Autobahnbrücken weiter im Osten ist die ästhetische, 1726 m lange südliche Hängebrücke mit zwei knapp 100 m hohen Pylonen besonders imposant.

Gedser (1000 Einw.) ist seit 1903 Fährhafen mit Verbindungen nach Rostock.

Straßenszene in Maribo

Zeichen zu Wasser und zu Lande: Leuchtturm Gedser Fyr

Wie es bei den Rittern zuging, erlebt man im Mittelalterzentrum

Polyglott **79**

ROUTE 7

Den südlichsten Flecken Dänemarks – *Gedser Odde* – markiert der wuchtige viereckige Leuchtturm Gedser Fyr. Nach Norden zieht sich über 20 km ein flacher kinderfreundlicher Sandstrand an der Ostküste Falsters entlang. Kein Wunder, daß Marielyst zu einer „Ferienhausmetropole" mit ca. 5000 Häusern aller Kategorien, dazu FKK-Strand und dem Spaßpark *Sommerland Falster* aufstieg.

❶ Stationsvejen 7, 4874 Gedser, ☎ 53 87 90 41, 🖷 53 87 90 39.

🏠 **Nørrevang,** Marielyst Strandvej 32, DK-4873 Marielyst, ☎ 54 13 62 62, 🖷 54 13 62 72. Gut ausgestattetes Hotel mit Spitzenrestaurant in malerischem Fachwerkhaus, strandnah. Ⓢ

△ **Ferie Park Gedser,** Vestre Strandvej 2, ☎ 53 87 99 99. Ganzjährig geöffnet.

Nykøbing F. (19 000 Einw.), 24 km, der Hauptort Falsters, ist für seine Zuckerfabriken bekannt. Zu den liebevoll bewahrten Fachwerkhäusern aus dem 16.–18. Jh. im Zentrum gehört *Czarens Hus.* Zar Peter der Große stand hier 1717 unerwartet in der Gaststube, in der man noch heute bewirtet wird.

Das ✱✱ **Middelaldercenter** liegt am anderen Ufer des Guldborg Sund. Auf großem Freigelände direkt am Wasser führen Handwerker in zeittypischen Werkstätten mittelalterliche Handwerksmethoden vor, und die Ritter fehlen natürlich auch nicht. Höhepunkt im Tagesprogramm: die Demonstration einer rekonstruierten tonnenschweren Steinschleuder (🕓 Mitte Mai bis Mitte Sept. Di–So 10–16 Uhr).

Vordingborg (8600 Einw.), 53 km, auf der anderen Seite der Storstrømmen-Meeresenge, diente Valdemar dem Großen (1154–1182) als Stützpunkt bei seinen Zügen gegen die Wenden, und Valdemar Atterdag (1340–1375) ließ eine Befestigungsanlage bauen, um gegen die Hanse gerüstet zu sein. Teile der Burgmauer und der 26 m hohe ✱ *Gåsetårn* (Gänseturm) sind noch erhalten. In den Grünanlagen gedeiht ein historisch-botanischer *Heilkräutergarten.*

Tip für Naturliebhaber: Die schmale Landzunge ✱ *Knudhoved Odde,* mit Bisongelände und prähistorischen Fundstätten im Wald.

Køge (31 500 Einw.), 107 km, ist eine alte, durch die Lage begünstigte Hafenstadt. Noch aus dem frühen 16. Jh. datieren mehrere ansehnliche Fachwerkbauten rund um den gemütlichen Marktplatz Torvet. Das ✱ *Kunstmuseet Køge Skitsesamling* (Skizzensammlung) dokumentiert als seltenes Spezialmuseum die Entstehung großer Denkmäler, moderner Kunst am Bau und ähnliches.

❶ Vestergade 1, 4600 Køge, ☎ 53 65 58 00, 🖷 53 65 59 84.

🚃 S-Bahn ab Kopenhagen.

🏠 **Hvide Hus,** Strandvejen 111, ☎ 53 65 36 90, 🖷 53 66 33 14. Modernes Tophotel nahe dem Strand der Køge Bucht. Ⓢ

Die Route erreicht entlang der Køge Bugt die Vororte im Süden Kopenhagens. Hier wurde mit viel Aufwand der maritime Naherholungspark *Strandparken* mit Dünen und Lagunen am Meer angelegt. Inmitten dieser Meereslandschaft nahe dem Jachthafen Ishøj Havn eröffnete 1996 ein architektonisch absolut ungewöhnliches Museum für Gegenwartskunst, das wegen seiner an ein Schiff erinnernden Form kurz ✱✱ **Arken,** die Arche genannt wird. Von dort sind die Türme des Zentrums von ✱✱✱ *Kopenhagen,* 150 km, schon am Horizont zu sehen.

Korsør (14 800 Einw.) ist Seelands traditioneller Brückenkopf nach Fünen. Früher standen die Winde nicht immer günstig für Überfahrten: Die beste Adresse, um besseres Wetter abzuwarten, war ab 1761 in der Algade der sogenannte *Kongsgården* (Königshof), wo früher auch die Könige einzukehren pflegten heute aber keine Gastronomie mehr existiert. Von einer mittelalterlichen Burg an der Hafeneinfahrt stehen noch der *Burgturm* (zum Teil spätes 13. Jh.) und die Wirtschaftsgebäude mit dem *Stadtmuseum.* Neben dem Auto-

80 Polyglott

ROUTE 7

fährenanleger Halsskov findet man wie auf Fünen ein Ausstellungszentrum zu den Arbeiten an der **Rekordbrücke** über den Großen Belt.

Die **Trelleborg** entstand 980/81 unter König Harald Blauzahn. Insgesamt gab es vier Wikingerburgen dieses Typs im Lande, aber nur Fyrkat bei Hobro ist ähnlich gut erhalten (s. S. 54). Das Wikingerhaus am Eingang wurde unter Berücksichtigung aller wissenschaftlichen Erkenntnisse rekonstruiert – wahrscheinlich entspricht es den Originalen (🕒 tgl. 10–17 Uhr).

Sorø (6300 Einw.), 31 km, wuchs um ein Kloster, das die Zisterzienser nach 1161 errichteten. Vom ursprünglichen Bau existieren nur noch das Torhaus *Klosterporten* und die *Kirche,* eines der bedeutendsten mittelalterlichen Gebäude Dänemarks. Sie bietet einen festlichen Rahmen für die regelmäßigen Konzerte, nicht übersehen sollte man zwei interessante *Kruzifixe:* ein 8 m hohes von Claus Berg im Mittelschiff und im nördlichen Kreuzarm eines aus dem späten 13. Jh. 1586 wurde aus dem Kloster eine Internatsschule

Klosterkirche in Sorø

Die Rekordbrücke

Über 100 Jahre diskutierten die Dänen eine feste Verbindung über den Großen Belt, seit 1989 wird sie nun gebaut, 1993 sollte die Eisenbahnverbindung fertig sein, 1996 die Autobahn – aktueller Verspätungsstand: ca. fünf Jahre.

Die ganz große Rekordflut hat der Eurotunnel unter dem Ärmelkanal den dänischen Ingenieuren vermasselt, aber „Storebæltsforbindelsen" setzt trotzdem neue Maßstäbe, und die Daten beeindrucken: 18 km Seeweg zwischen Fünen und Seeland sind zu überwinden, zum Glück liegt seit der letzten Eiszeit noch das Inselchen Sprogø auf halbem Wege. Von Fünen bis dorthin verlaufen Straße und Schiene über eine 6,6 km lange Flachbrücke (18 m Durchfahrthöhe, 63 Fächer, Europarekord für kombinierte Bahn-Auto-Brücken). Zwischen Seeland und Sprogø gehen Eisen- und Autobahn getrennte Wege: Züge verschwinden in zwei 8 km langen Röhren unter dem Meer, während Autos über eine 6,8 km lange Hängebrücke (Europarekord) fahren, die an zwei 260 m hohen Pylonen (Weltrekord, 26 m höher als Golden Gate) aufgehängt ist, mit einer freien Spannweite von 1624 m (Weltrekord) bei einer Durchfahrthöhe von 65 m.

Kostenschätzung vor Baubeginn 1988: ca. 18 Milliarden DKK, seitdem ständig steigend. Die Ausgaben sollen durch Mautgebühren in Höhe der bisherigen Fährpreise wieder hereinkommen.

Seite 85

Polyglott **81**

ROUTE 7

und 1623 eine ritterliche Akademie, die ab 1849 auch Bürgerlichen offenstand. Imposant wirkt das klassizistische Hauptgebäude von 1826 am Seeufer.

Ringsted (17 000 Einw.), 46 km, zählte im Mittelalter zu den „Großstädten" des Landes und war Schauplatz der seeländischen Thingversammlungen. Als Teil eines Benediktinerklosters entstand um 1170 die * Skt. Bendts Kirke auf den Fundamenten einer älteren Tuffsteinkirche. Im Inneren ziehen mehrere Königsgräber und beachtliche * Kalkmalereien mit geistlichen wie weltlichen Motiven, die ältesten aus dem 13. Jh., die jüngsten von 1916, den Blick an. Den Nachwuchs fasziniert der Freizeitpark * Fantasy World, am Rande der Stadt. Ein Familienunternehmen aus Ringsted ist Europas bedeutendster Hersteller mechanischer Schaufensterpuppen – und mechanische Puppen als Märchenfiguren sind hier die Attraktion.

Nahe Jystrup, 56 km, liegt im Wald der neoklassizistische Herrensitz „Skjoldenæsholm", heute ein Hotel und Konferenzcenter (Skjoldenæsvej 106, 4174 Jystrup, ☎ 53 62 81 04, 🖷 53 62 88 55, 🕪). In gutseigenen Wäldern dürfen die Gäste joggen, auf gutseigenen Seen rudern, und in der Nachbarschaft finden sie ein Straßenbahnmuseum und den höchsten Berg Seelands, den 126 m hohen Gyldenløveshøj.

Wenige Kilometer westlich des Dorfes Lejre, 69 km, arbeitet am Rande der Parkanlagen des üppig ausgestatteten Rokokoschlosses * Ledreborg (18. Jh.) das international berühmte historisch-archäologische Versuchszentrum

**Lejre Oldtidsbyen. Hier werden wissenschaftliche Theorien über Vorzeitepochen, vor allem zur Eisenzeit, durch praktische Umsetzung überprüft. Außer den Wissenschaftlern sind es auch ganz normale Familien oder Schulklassen, die einige Zeit Videogerät und Computer gegen Eisenzeitwerkzeuge eintauschen und mit Tieren unter einem Dach leben. (🕔 Mai–Sept. tgl. außer Mo 10–16 Uhr, Ferienzeiten tgl.).

** Roskilde

Die Stadt (40 000 Einw.), 76 km, diente den dänischen Königen lange als Residenzstadt, wurde aber als Hauptstadt von Kopenhagen ausgestochen. Wie ein Bilderbogen zur Stilkunde wirkt *** Roskilde Domkirke, die dritte oder vierte Kirche an gleicher Stelle. Der heutige Bau geht auf Bischof Absalon (1154–1182) zurück, wurde aber erst im späten 13. Jh. fertig (Stilmischung Romanik/Gotik). Zehn spätere Anbauten brachten weitere Architekturvielfalt. Von Margrete I. (gest. 1412) bis Frederik IX. (gest. 1972) sind 38 Könige und Königinnen im Dom beigesetzt. Ein uralter Brückengang verbindet Chor und das Bischofspalais, Palæet, in dem heute moderne Kunst und eine kulturhistorische Sammlung zu bewundern sind. * Lützhoffs Købmandsgård, ein Kaufmannshof im Stil der 20er Jahre unter der Regie des städtischen Museums, verkauft ein Warensortiment, das der damaligen Zeit angemessen ist. In der ** Wikingerschiffshalle am Ufer des Roskilde Fjord sind fünf Wikingerschiffe unterschiedlichen Typs ausgestellt, die um das Jahr 1000 wahrscheinlich als Sperre im Roskilde Fjord, rund 20 km nördlich der Stadt, versenkt worden waren. Über die soweit möglich restaurierten Schiffe hinweg blickt man durch eine Glasfront auf den Meeresarm, aus dem sie 1962 gehoben wurden und auf dem fast immer Nachbauten dümpeln.

🛈 Gullandsstræde 15, 4000 Roskilde. ☎ 46 35 27 00, 🖷 46 35 14 74.

✈ Regionalflughafen östlich der Stadt.
🚆 Kopenhagen–Hamburg und Kopenhagen–Jütland.
🛳 Mai–Sept. Oldtimerdampferfahrten mit S/S Skjelskør (von 1915).

🏨 Prindsen, Algade 12, ☎ 42 35 80 10, 🖷 42 35 81 10. Elegantes Stadthotel, das zentralste in Roskilde. 🕪
Scandic, Søndre Ringvej 33, ☎ 46 32 46 32, 🖷 46 32 02 32. Verkehrsgünstig am südlichen Stadtrand

82 Polyglott

ROUTE 7

gelegenes modernes Businesshotel – familienfreundliche Sommerpreise. Ⓢ – Ⓢ⟩⟩
△ **Roskilde Camping,** Braunehøjvej 7–9, ☏ 46 75 79 96. Platz mit Hütten am Roskilde Fjord.

Von Roskilde ist es fast nur ein Katzensprung (34 km) bis ins Zentrum ***Kopenhagens** (s. S. 26), 110 km, auf dem Autobahnring hat man Optionen in alle Richtungen.

Die Tour rund um Seeland (Karte: 7c) beginnt ebenfalls in Korsør und verläßt die Hafenstadt in südlicher Richtung.

Skælskør (6000 Einw.), 12 km, strahlt fast überall gemütliche Hafenstimmung aus. Die Haffs und Feuchtgebiete der Umgebung sind trotz der nahen Raffinerie ein Eldorado für Ornithologen.

Vom Nachbarort Stignes kann man schöne Tagesausflüge zu den kleinen Inseln *Agersø (684 ha; 250 Einw.; 🚢 bis 15mal tgl., 15 Min.) und *Omø* (452 ha; 170 Einw.; 🚢 bis 5 mal tgl., 40 Min.) unternehmen. Durch Menstrup, 37 km (Menstrup Kro, ☏ 53 74 30 03, 📠 53 74 33 63, romantischer Landkro mit ausgezeichneter Küche, Ⓢ⟩), und an dem bekannten Badeort Karrebæksminde vorbei, kommt man nach

***Næstved** (38 500 Einw.), 49 km, der Garnisonsstadt des königlichen Gardehusarenregiments, das jeden Mittwoch beim Ritt einer Schwadron durch die Stadt Präsenz zeigt. Im Viertel rund um den Akseltorv stehen einige der ältesten Stadthäuser Dänemarks aus dem 15. und 16. Jh. Die beiden mittelalterlichen Kirchen, *Skt. Peders Kirke* und *Skt. Mortens Kirke,* sind mit ihren ansehnlichen Kalkmalereien und feinen Holzschnitzereien nicht nur für Kunsthistoriker interessant. Am Nordrand der Stadt hat die angesehene Internatsschule *Herlufsholm* (1560 von Admiral Herluf Trolle gegründet) ihren Sitz in einem ehemaligen Kloster. In der alten Klosterkirche (von ca. 1200) gibt es ein einzigartiges Kruzifix mit einem Korpus aus Walroßelfenbein.

Kalkmalereien (Fresken) in der Skt. Berndts Kirke, Ringsted

Vor Schloß Ledreborg

Im Dom von Roskilde

Blick über den Roskilde Fjord

Polyglott **83**

ROUTE 7

Im Süden der Stadt lockt Schloß **✱Gavnø** mit einer beachtlichen Gemäldesammlung, einer Ausstellung mit Feuerwehrfahrzeugen und einem Schmetterlingshaus. – Das Flüßchen Suså, das sich durch Næstved schlängelt, ist flußaufwärts auf einer Länge von etwa 50 km ein attraktives und populäres Kanurevier.

❶ Det Gule Pakhus, Havnen 1,
4700 Næstved, ☎ 53 72 11 22,
📠 53 72 16 67.
🚢 Kopenhagen–Mitteleuropa.

🏨 **Vinhuset**, Skt. Peders Kirkeplads 4, ☎ 53 72 08 07, 📠 53 72 03 35. Stilvolles Hotel, Stadtmitte, mit 200jähriger Tradition und gutem Weinkeller. 💲
⛺ **De Hvide Svaner Camping**, Karrebækvej 741, DK- 4736 Karrenbæksminde, ☎ 55 44 24 15. Ganzjährig geöffneter Platz, außer Hütten- und Wohnwagen- auch Fahradvermietung, ca. 7 km von Næstved am Meer.

Nördlich der Kleinstadt Præstø trifft man auf das von einem Bürgerlichen gebaute Gut Nysø (1673), wo im „Goldenen Zeitalter" (s. S. 17) Kultur- und Geistesgrößen ein- und ausgingen. Bertel Thorvaldsen stand ein Atelier zur Verfügung, heute Mini-Museum mit seinen Werken. Von hier geht es erst am Ufer des Præstø Fjord und später am Küstenverlauf der Fakse Bugt entlang auf Nebenstraßen nach Fakse Ladeplads (2500 Einw.), 93 km, einem Hafenort mit gern besuchten Stränden.

Östlich von Rødvig, 111 km, beginnen die Kreideklippen **✱Stevns Klint**. Geradezu dramatisch ist die Szenerie an der alten **✱✱Kirche von Højerup:** 1928 stürzte ihr Chor ins Meer, der Rest steht auf der K(l)ippe. – In Store Heddinge, 119 km, ist die ursprünglich romanische, aber mehrfach umgebaute **✱Kirche** ein für Dänemark einzigartiges Bauwerk mit achteckigem Schiff und einem Chor, in dessen Mauerwerk im zweiten Stock ein Galeriegang mit schönen Säulenöffnungen Platz hat.

Ab Køge, 140 km, fährt man auf Straße 151 nach **✱✱✱**_Kopenhagen_ hinein, 180 km, oder man umfährt die Hauptstadt auf der E 47/55. An der **✱Øresund-Küstenstraße** reihen sich alte und junge Badeorte, Villenviertel und schöne Küstenabschnitte aneinander. In Ordrup bei Klampenborg, 190 km, präsentiert die renommierte **✱✱Ordrupgaardsamlingen** vor allem herausragende französische Malerei: Gauguin, Degas, Monet u. a. (🕐 Di–So 13–17 Uhr).

Auf dem Landsitz Rungstedlund in Rungsted 205 km, erinnert das **✱Karen-Blixen-Museum** an die Schriftstellerin (s. S. 18), die das Haus ihrer Eltern 1932–1962 bewohnte und in einem schlichten Grab im Park beigesetzt ist. Das kleine _Museum auf Gut Nivågård_ in Nivå, 210 km, zeigt eine ausgezeichnete Gemäldesammlung der italienischen und holländischen Renaissance und des dänischen „Goldenen Zeitalters". Sehr viel moderner wird es im **✱✱✱**_Louisiana_ in Humlebæk (s. S. 87; 🕐 tgl. ab 10 Uhr, Mo, Di, Do, Fr bis 17, Mi bis 22 und Sa, So bis 18 Uhr).

✱✱Schloß Fredensborg, knapp 10 km landeinwärts abseits der Route, wird im Früh- und Spätsommer von der königlichen Familie bewohnt. Zwar sind dann Schloß und Park nur begrenzt zugänglich, dafür entschädigt eine große Wachablösungszeremonie. Das barocke Gesamtbild unterstreicht die 1992 nach alten Plänen restaurierte Schloßstraße.

✱✱Helsingør (44 000 Einw.), 225 km, hat eine sehenswerte Altstadt mit vielen Häusern aus dem 16., 17. und 18. Jh. bewahrt. Ganz mittelalterlich,

---

Glasværker glasklar

Die bekannte _Holmegaard_-Glashütte ist nordöstlich von Næstved bei Fensmark zu Hause. In arbeitenden Werkstätten und dem Museum kann man viel über die Kunst der Glasherstellung lernen, sie mit maschineller Produktion vergleichen und dann den günstigen Fabrikverkauf nutzen.

ROUTE 7

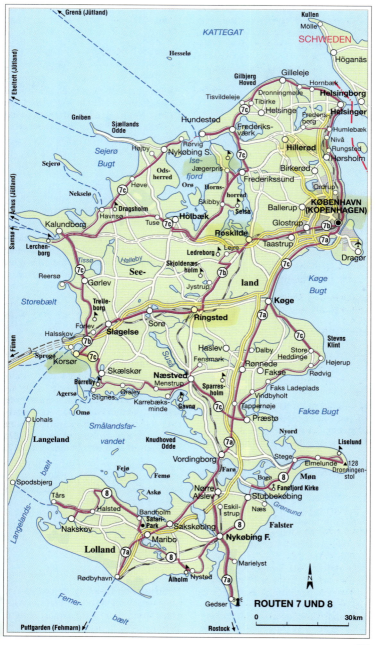

ROUTEN 7 UND 8

ROUTE 7

ohne neuere Geschäfte, blieb die Gasse Gl. Færgestræde. Bedeutendstes Bauwerk im Zentrum ist das gut erhaltene Karmeliterkloster aus dem frühen 16. Jh. mit der * Skt. Mariæ Kirke. Mitte des 17. Jhs. war hier der Komponist Buxtehude als Organist tätig.

Was aber wäre Helsingør ohne Schloß ** Kronborg? Hinter mächtigen Wällen bewacht die Renaissanceburg die Hafeneinfahrt. Kapelle und ** Rittersaal sind die schönsten Räume, in anderen ist das * Handels- und Seefahrtsmuseum untergebracht. In den Kasematten schlummert der sagenumwobene Holger Danske, bis er zur Rettung Dänemarks gebraucht wird. Die Kanonen von Kronborg und seinem Vorgängerbau unterstrichen 1429–1857 nachdrücklich die Ansprüche der Dänen auf einen Sundzoll, den alle passierenden Schiffe berappen mußten. Shakespeare machte Kronborg als Schauplatz seines „Hamlet" weltberühmt (☉ Ostern und Mai–Sept. tgl. 10.30–17 Uhr, sonst Di bis So 11–15 bzw. 16 Uhr).

* Dänemarks Technisches Museum ist mit zwei Abteilungen am Rande Helsingørs vertreten, die Verkehrshalle im Südwesten und das Hauptgebäude im Nordwesten, wo die Küstenstraße die Stadt verläßt.

❶ Havnepladsen 3, 3000 Helsingør, ☎ 49 21 13 33, 🖷 49 21 15 77.
🚆 Küstenbahn ab Kopenhagen.
🚢 Nach Schweden mehrmals stdl.

🏨 Scanticon Borupgaard, Nørrevej 80, DK-3070 Snekkersten, ☎ 42 22 03 33, 🖷 42 22 03 99. Ein reetgedeckter Gutshof bildet den Kern dieses modernen 1.-Klasse-Hotels im Grünen. Ⓢ〳〳
Hamlet, Bramstræde 5, ☎ 49 21 05 91, 🖷 49 26 01 30. Gutes Stadthotel mit empfehlenswertem Restaurant nahe Schloß Kronborg. Ⓢ〳〳
Villa Moltke, Ndr. Strandvej 24, ☎ 49 21 16 40, 🖷 49 21 13 99. Herberge in ehemaligem Herrschaftshaus nah am Wasser, 36 Familienzimmer. Ⓢ
△ Grønnehave Camping, Sundtodvej 9, ☎ 49 21 58 56. Ganzjährig geöffne-

ter kleiner Platz mit Wohnwagenvermietung.

Das erste Seebad westlich von Helsingør ist * Hornbæk, 237 km, mit großem Jachthafen und ein wenig Fischerromantik.

* Gilleleje (4700 Einw.), 250 km, sympathisches touristisches Zentrum der Küste Nordseelands, offeriert viele Freizeitangebote (u. a. Hochseeangeln). Westlich des Ortes kommt man auf einem Spazierweg über die mehr als 30 m hohe Steilküste von Gilbjerg Hoved, die die Grenze zwischen Kattegat und Øresund markiert, zu schönen Aussichtspunkten; ein Gedenkstein erinnert an den Lieblingsplatz des Philosophen Søren Kirkegaard (s. S. 17).

Tisvildeleje, 265 km, ist ein weiterer Badeort mit einladenden Stränden; nach Westen schließt an das Ufer einer der schönsten Wälder Nordseelands an, Tisvilde Hegn, ein typischer Schutzwald gegen den verheerenden Sandflug. 4 km landeinwärts zeugt die einsam stehende Tibirke Kirke (reicher gotischer Flügelaltar) von einem vom Flugsand zerstörten Dorf.

In Hundested (8000 Einw.), 290 km, hält das schön über der Kattegatküste gelegene Knud Rasmussen Hus die Erinnerung an den dänisch-grönländischen Arktisforscher Knud Rasmussen und seine Expeditionen in den hohen Norden wach, bei denen er u. a. den magnetischen Nordpol entdeckte.

❶ Nørregade 22, 3390 Hundested, ☎ 42 33 77 88, 🖷 42 33 78 67.
🚆 Privatbahn nach Hillerød, dort S-Bahn nach Kopenhagen.
🚢 Nach Grenaa (s. Route 5) und Rørvig/Odsherred (s. S. 87).

🏨 Lynæs Kro, Frederiksværkvej 6, ☎ 🖷 42 33 86 66. Gemütliches kleines Gasthaus mit wenigen Zimmern. Ⓢ
△ Rosenholm Camping, Torpmaglevejen 58, ☎ 47 92 30 49. Platz mit Hütten und Wohnwagen, ganzjährig geöffnet.

ROUTE 7

Kunsttempel über dem Sund

Das Museum für moderne Kunst Louisiana ist eines der schönsten Kunstmuseen in Europa und das bedeutendste, das Dänemark zur europäischen Kunstszene beisteuert. Dänische und internationale Malerei und Skulpturen aus der Zeit seit dem Zweiten Weltkrieg bilden den Schwerpunkt der eigenen Sammlung, regelmäßig ergänzt durch bedeutende Ausstellungen. Dabei wechseln sich Werkschauen einzelner Künstler mit Blicken auf aktuelle Kunstrichtungen, andere bedeutende Museen der Welt oder die Kulturen alter und fremder Völker ab.

Die Museumsbauten, die seit 1958 rund um eine Villa in immer neuen Bauabschnitten entstanden, sind ungewöhnlich homogen in einen zauberhaften Park direkt am Øresund eingefügt, geradezu verwoben mit der Natur. Aus lichtdurchfluteten Galeriegängen schweifen die Blicke immer wieder auf die vielbefahrene Meeresstraße bis hinüber zur schwedischen Küste und in den Park mit seinen modernen Skulpturen und alten Bäumen. Ein Besuch im Louisiana ist Kunst- und Naturerlebnis gleichermaßen und sollte mit großzügigem Zeitbudget geplant werden. Für das leibliche Wohl sorgt eine gute Cafeteria, und man sollte Badezeug mitbringen: Ein Seitenausgang führt direkt vom Park an einen kleinen Strand.

Ab Kopenhagen ist das Louisiana über die Station Humlebæk leicht mit der Küstenbahn zu erreichen, es gibt Sondertickets für Bahnfahrt plus Eintritt.

Per Fähre geht es über die Isefjordmündung in das malerische Rørvig auf der Halbinsel **Odsherred**. Diese alte Kulturlandschaft besitzt herrliche mittelalterliche Kirchen, Vorzeitgräber und liebevoll geführte volkskundliche Sammlungen, aber auch viele Ferienhäuser und schöne, kinderfreundliche Strände. Vom Ende der schmalen Landzunge Sjællands Odde verkehren laufend Fähren nach Ebeltoft (s. Route 5).

Louisiana ist ein Erlebnis

Gedenksteine auf der Landspitze Gniben von Sjælands Odde ehren die Schwimmer, die von hier fast 40 km weit nach Jütland geschwommen sind – die dänischen Vettern und Kusinen der Ärmelkanalschwimmer.

*Nykøbing Sjælland (5000 Einw.), 297 km, ist der gemütliche Hauptort von Odsherred. Die Annebjerg-Sammlung etwa 3 km südlich des Städtchens zeigt Gläser und Glaskunst von der Antike bis zur Gegenwart.

Knud Rasmussen Hus, Hundested

Polyglott **87**

ⓗ **Anneberg,** Egebjergvej 162,
☎ 59 93 00 62. Herberge mit 14 Familienzimmern in renoviertem Herrschaftshaus in einem wunderschönen Park nahe am hauseigenen Strand. Ⓢ

Højby, ein paar Kilometer westlich, besitzt eine romanische * *Kirche,* innen mit reichen Kalkmalereien geschmückt. Viel Spaß verspricht der große Vergnügungspark Sommerland Sjælland mit fünf Themenbereichen südlich des Ortes. Im Moor von Trundholm, fast schon an der Westküste, wurde 1902 der bronzezeitliche ** **Trundholm Solvogn** (Sonnenwagen) gefunden: eine vergoldete Sonnenscheibe, auf sechs schmalen Rädern, gezogen von einem Pferd. Das Original steht im Nationalmuseum von Kopenhagen (s. S. 27), eine Kopie im Heimatmuseum von Høve.

Das Spukschloß *Dragsholm Slot,* dessen älteste Mauern schon fast 800 Jahre überdauerten, ist das imponierendste aller Schloßhotels im Lande (Dragsholm Slot, Dragsholm Allé, 4534 Høvre, ☎ 59 65 33 00, 🖷 59 65 30 33, Ⓢ🕭). Früher kamen nicht alle freiwillig: Ab 1500 Staatsgefängnis, saßen in den Kerkern von Dragsholm vor allem Mißliebige aus besseren Familien.

Heute ist die mittelalterliche Residenzstadt **Kalundborg** (15 500 Einw.), 250 km, ein bedeutender Industriestandort (Kraftwerk, Raffinerien, Biochemie). Seit dem 12. Jh. wird die Stadtmitte von der markanten ** *Vor Frue Kirche* überragt, deren Grundriß, ein gleichschenkeliges griechisches Kreuz, in der dänischen Kirchenarchitektur einzigartig ist. Der Mittelturm stürzte 1827 ein, wurde aber originalgetreu restauriert. Rund um die Kirche ist die Altstadt mit schönen Häusern aus dem späten Mittelalter sehenswert.

Über Gørlev, 270 km, geht es südwärts. Ein Abstecher sollte in das malerische *Reersø* führen, ein Dorf, in dem die Zeit im Schneckentempo voranzuschreiten scheint. Nahe der ** *Trelleborg* (s. S. 81), erreicht die Route ihren Ausgangspunkt Korsør, 300 km.

Route 8

Inselspringen im Südosten

Møn – Nykøbing F. – Tårs (158 km)

Møn, Falster und Lolland– jede dieser Inseln ist für sich von überschaubarer Größe, aber Brücken verbinden sie untereinander und mit Seeland (s. Route 7) zu einer großen und abwechslungsreichen Urlaubsregion.

Ausgangspunkt ist der 128 m hohe ** **Dronningenstol** (Königinnenstuhl), „Gipfel" der Kreideklippen ** **Møns Klint,** der imposanten, 12 km langen Steilküste im Osten von Møn. Spazierwege führen über die Klippen und zu ihren Füßen entlang (Sicherheitshinweise beachten!), hier kann man mit etwas Glück auch Versteinerungen finden, die vor allem im Winter aus der 75 Mio. Jahre alten Kreide herausbrechen. Über dem Nordteil von Møns Klint schwebt das reetgedeckte Miniaturschlößchen * **Liselund** (von 1792). Im Schloßpark verstecken sich, für Tête-à-têtes gebaut, ein Norwegisches Haus, eine Schweizer Hütte und eine Chinesische Lustlaube. Die benachbarte schloßähnliche Villa beherbergt ein romantisches Hotel – schöner kann man auf Møn nicht wohnen („Liselund Slot", Langebjergvej 6, 4791 Borre, ☎ 55 81 20 81, 🖷 55 81 21 91, Ⓢ🕭).

Auch uralte Kulturschätze machen Møn zu einem lohnenden Ziel: * prähistorische Großsteingräber und die Kirchen, deren Kalkmalereien zu den besten Nordeuropas zählen. Ein Schöpfer dieser mittelalterlichen Kirchenkunst trägt sogar den Namen einer Inselkirche: der Elmelunde-Meister, der in der ** **Elmelunde Kirche,** 11 km, der * **Kelby Kirche,** 15 km, und der ** **Fanefjord Kirke** (West-Møn), 30 km, Geniales an den Wänden hinterließ.

88 Polyglott

In Møns Hauptort **Stege,** 19 km (ℹ für ganz Møn: Storegade 2, 4780 Stege, ☎ 55 81 44 11, 📠 55 81 48 46), blieb das Stadttor *Mølleporten* als Rest einer Burgmauer aus dem frühen 16. Jh. erhalten.

Über einen Damm gelangt man zur Insel *Bogø,* 37 km, von wo eine urige Nostalgiefähre den Grønsund überquert. Aber auch über Farø und die Autobahn ist **Stubbekøbing** (2300 Einw.) als kurzer Zwischenstopp auf Falster schnell erreicht. Ein *Motorrad-* und *Radiomuseum* zeigt über 150 Zweiradoldtimer sowie eine Sammlung zum Thema Radio- und HiFi-Technik. Über Nykøbing F., 58 km (s. Route 7), steuert man Lolland an.

Nysted (1500 Einw.), 78 km, das schmucke Hafenstädtchen an der Südküste, wird vom Schloß *Alholm* geprägt (Teile von ca. 1300). In einer Halle nahe dem Schloß kann man rund 250 Oldtimer, vornehmlich aus der Zeit vor 1935, bewundern (🕐 Juni–Aug. tgl. 10–18 Uhr).

Durch das Seengebiet von Maribo (s. Route 7), folgt man der Margeriten-Route. Wo sie von der Straße 289 abbiegt, beginnt die 1 „mil" (= alte Meile, ca. 7,5 km) lange *Museumsstraße,* u. a. mit historischen Markierungssteinen. Schließlich erreicht man den Fähranleger Tårs, 158 km, mit häufigen Überfahrten (45 Min.) nach Langeland (s. Route 6).

Nakskov, 150 km, ist ein krisengeplagter Werftstandort. Das Städtchen (15 000 Einw.) besitzt noch einige schöne alte Gebäude, wie das um 1600 mit Fachwerk errichtete Dronningens Packhus.

ℹ Søndergade 17, 4900 Nakskov, ☎ 53 92 21 72, 📠 53 92 35 97.

🏨 **Skovridergaarden,** Svingelen 4, ☎ 53 92 03 55, 📠 53 92 83 39. Schön im Wald gelegener Gasthof. 💲

Schloß Alholm, die Attraktion in Nysted

Skeptischer Blick eines Fischers

Blühende Felder entlang der historischen „Mil"

*** Bornholm

Insel mit Eigenleben

Ihre vielfältige Natur, kulturgeschichtlichen Denkmäler aus vielen Epochen, ihre bunten Städtchen und Dörfer, dazu die ganze Palette von Ferienvergnügen und Aktivitäten machen die Ostseeinsel (58791 ha; 45 000 Einw.) vor Südschwedens Küste als eigenständiges Reiseziel populär.

Als einzige Felseninsel Dänemarks scheint Bornholm Norwegen ähnlicher als Jütland. Der karg bewachsene Granithorst ** Hammeren im Norden steht heute unter Naturschutz, verwildernde Steinbrüche zeugen aber vom Granitabbau bis 1971. Südbornholm ähnelt dem übrigen Dänemark: eine flache Küste mit dem Höhepunkt am traumhaften ** Sandstrand von Dueodde. – Klimatisch machen sich kontinentale Großwetterlagen bemerkbar: Das bedeutet weniger Niederschlag und mehr Sonnentage als im restlichen Dänemark. Das umliegende Meer verändert aber den Ablauf der Jahreszeiten, so kommt der Frühling, Bornholms schönste Jahreszeit, spät, kurz und intensiv, dafür bleibt der Sommer länger.

Noch eine angenehme Seite Bornholms: Alles liegt nah beieinander, die maximale Entfernung beträgt nur 44 km, ca. eine Autostunde.

Wahrzeichen der Insel sind die vier Rundkirchen aus den frühen Tagen der Christianisierung. Die größte ist die ** Østerlarskirke nahe Gudhjem. Sieben äußere Stützen geben ihrem Rundschiff Halt, und innen hat in dem mächtigen, von einem figurenreichen Fries verzierten Mittelpfeiler eine Taufkapelle Platz. Im Norden Bornholms dient die exponiert stehende ** Olskirke auch als Seezeichen. Ohne äußere Stützpfeiler kommt die * Nylarskirke

östlich von Rønne aus, und ein Stockwerk kleiner als die anderen ist die * Nykirke nördlich von Rønne. Der Ursprung der Rundkirchen liegt im dunkeln, wahrscheinlich entstanden sie im 12. und 13. Jh. als Wehrkirchen. Die Spitzdächer von heute stammen aus späteren Jahrhunderten.

Auf einem Felsen über der zerklüfteten Nordküste ragt die malerische Festungsruine ** Hammershus auf, von der Wikingerzeit bis Mitte des 18. Jhs. mal vom Statthalter des Königs, mal von dem des Erzbischofs von Lund, mal von Lübeckern und mal von Schweden gehalten.

Die idyllischen Inselorte strahlen in ihren kleinen Gassen mit zahlreichen bunten Fachwerkhäusern viel Geruhsamkeit aus. Geradezu ein Muß ist ein Bummel durch die verwinkelten Kopfsteinpflastergassen der Altstadt von * Rønne. Auch ** Svaneke an der Ostküste wirkt sehr harmonisch. Seit den 40er Jahren betreibt man dort mit strengen Bauvorschriften Denkmalschutz und wurde 1975 mit einem Europäischen Preis belohnt. Zwischen dem gemütlichen Marktplatz und dem Hafen von Svaneke haben sich verschiedene Kunsthandwerker (* Glasbläserei) und eine Galerie niedergelassen.

Mehr als ein Dutzend Museen und Ausstellungen stehen auf der Insel zur Wahl. Herausragender Schatz des ** Bornholmer Museum in Rønne (⊙ April–Okt. Mo-Sa 10–17 Uhr, So 13–17 Uhr, sonst Di, Do, So 14–17 Uhr) sind die erst seit 1993 würdig ausgestellten ** *Goldgubber,* kleine gestanzte Goldplättchen, wahrscheinlich Opfergaben aus der germanischen Eisenzeit (ca. 6. Jh.) und in den 80er Jahren bei Svaneke gefunden. Direkt über der spektakulären Steilküste * *Helligdommen* bei Rø wartet ** Bornholms Kunstmuseum (Bornholmer Maler u. a.) in einem architektonisch eindrucksvollen, aber wegen der hohen Baukosten auf der Insel umstrittenen Gebäude auf Besucher (⊙ April–Okt. tgl. 10–17 Uhr, sonst Di, Do, So 13–17 Uhr).

90 Polyglott

BORNHOLM

❶ „Bornholms Velkomstcenter",
Nordkystvej 3, 3700 Rønne,
☎ 56 95 95 00, 📠 56 95 95 68;
❶-Büros in Allinge, Gudhjem, Neksø,
Svaneke und Åkirkeby.

✈ Rønne; Direktflüge ab Düsseldorf,
Hamburg, Dortmund, Paderborn und
Münster-Osnabrück im Sommer, sonst
bis 7mal tgl. ab Kopenhagen.
🚂 Ab Berlin im Sommer über Saß-
nitz, sonst mehrmals tgl. von
Kopenhagen über
Ystad/Schweden.
⛴ Alle Verbindungen
nach Rønne: Saßnitz (Rügen,
DFO); Neu-Mukran (Rügen),
Kopenhagen und Ystad
(Südschweden, alle Born-
holm-Ferries). Preiswerte
Kombi-Tickets über Ystad
gibt es in Verbindung mit
Fähren ab Travemünde, Ro-
stock und Puttgarden (s. S. 24).

Die kleine Nykirke

Die Hammershus-Ruine

Bornholm besitzt neben vielen hundert
Ferienhäusern etwa 100 Hotels aller Kategorien, fünf Jugendherbergen und etwa 20 Campingplätze. Nur ein Bruchteil
hat ganzjährig geöffnet. Reservierungen
sind in der Hochsaison empfehlenswert!

🏠 **Friheden,** Tejnvej 80, DK-3770
Allinge-Sandkås, ☎ 56 48 04 25,
📠 56 48 16 55. Familienfreundliches
Hotel in Strandnähe. Ⓢ Ⓢ
Fredensborg, Strandvejen 116,
3700 Rønne, ☎ 56 95 44 44,
📠 56 95 03 14. Modernes Hotel mit
allen Annehmlichkeiten eines Stadtho-
tels, aber in schöner Lage am Südrand
von Rønne nahe dem Meer. Das Restaurant des Hauses gilt als bestes der
Insel. Ⓢ Ⓢ Ⓢ
Pension Slægtsgården, Østergade 3,
3770 Allinge, ☎ 56 48 17 42. Gemütliche Familienpension in einem Fachwerkhof in der malerischen Altstadt
von Allinge. Ⓢ
Skt. Jørgens Gård, 3760 Gudhjem
☎ 56 48 50 35, 📠 56 48 56 35. Lebendige Herberge in ehemaligem Kaufmannshof am Hafen von Gudhjem,
25 Familienzimmer. Ⓢ

In der Altstadt von Rønne

** Ertholmene

Knapp 20 km vor der Nordostküste
Bornholms wirken die Inseln (40 ha;
120 Einw.) der Schärengruppe wie
zufällig ins Meer gestreut. Die alte
Seefestung wurde 1855 aufgegeben
und kaum mehr verändert, da prak-
tisch die ganze Inselgruppe unter
Natur- bzw. Denkmalschutz steht.
Ganzjährig lebt dort eine kleine
Fischer-, Künstler- und Rentnerge-
meinde (⛴ ab Svaneke, im Sommer auch ab Gudhjem und Allinge).

Polyglott **91**

Praktische Hinweise von A–Z

Ärztliche Versorgung/Krankenversicherung

Die ärztliche Versorgung entspricht mitteleuropäischem Standard. Es empfiehlt sich, vor Reiseantritt bei der eigenen Krankenkasse die Bedingungen für die Kostenübernahme im Krankheitsfall zu erfragen. Faustregel: Gesetzlich versicherte EU-Bürger erhalten gegen Vorlage des EU-Krankenscheins (bei der Krankenkasse erhältlich) kostenlose ärztliche Hilfe im gleichen Umfang wie gesetzlich versicherte Dänen (d. h. man muß mit hohen Eigenleistungen bei Zahnbehandlungen und einigen Medikamenten rechnen).

Behindertengerechtes Reisen

Die meisten öffentlichen Bauten, darunter viele Museen, und die öffentlichen Verkehrsmittel haben Einrichtungen für Behinderte (Rollstuhlrampen, vergrößerte Türen usw.). Gleiches gilt für neuere Hotels, Jugendherbergen, Ferienparks und Campingplätze; ältere Gebäude werden zunehmend nachgerüstet. Die Broschüre „Reisen in Dänemark für Körperbehinderte" des Dänischen Fremdenverkehrsamtes (s. S. 93) informiert genauer, nennt behindertengerechte Unterkünfte und beschreibt Einrichtungen für Behinderte an Sehenswürdigkeiten.

Diplomatische Vertretungen

In Notfällen (Unfall, Paßverlust, Inhaftierung) wendet man sich an die Botschaft seines Heimatlandes:

Deutsche Botschaft, Stockholmsgade 57, 2100-Kopenhagen 0, ☎ 35 26 16 22, 🖷 35 26 71 05;

Österreichische Botschaft, Solundvej 1, 2100-Kopenhagen Ø, ☎ 39 29 41 41, 🖷 39 29 20 86;

Schweizer Botschaft, Amaliegade 14, 1256-Kopenhagen K, ☎ 33 14 17 96, 🖷 33 33 75 51.

Einreise

Staatsbürger aus Deutschland, Österreich und der Schweiz benötigen zur Einreise einen Paß oder Personalausweis, der noch drei Monate gültig ist. Ausländer mit Wohnsitz in den genannten Ländern müssen eventuelle Visumbestimmungen beachten, vor allem bei Transitfahrten durch Schweden nach Bornholm.

Elektrizität

220 Volt Wechselstrom; die in Mitteleuropa üblichen Stecker können benutzt werden.

Feiertage

Neujahr, Karfreitag, Ostern, Christi Himmelfahrt, Pfingsten, Weihnachten und Silvester, hinzu kommen der Gründonnerstag und der Große Bettag (vierter Freitag nach Ostern) als kirchliche und der Verfassungstag am 5. Juni ab mittags als nationale Feiertage. Am 1. Mai schließen viele Läden ab Mittag.

FKK

Nacktbaden ist offiziell auf wenige Strandabschnitte beschränkt, wird aber an weit mehr Plätzen geduldet: Man achte auf örtliche Gepflogenheiten. Überall am Wasser reicht für Frauen eine Bikinihose, in strandnahen Lokalen und Geschäften ziehen sie in der Regel ein Oberteil über.

Flaggen

Kaum ein Ferienhaus ohne Fahnenstange, aber dort dürfen nur die Flaggen Dänemarks, der nordischen Länder oder der EU wehen, sonst muß man mit Polizeibesuch rechnen: die illegale Fahne muß eingeholt werden.

92 Polyglott

PRAKTISCHE HINWEISE VON A–Z

Fundbüro

Bei den Polizeistationen.

Geld

Münzeinheit ist die Dänische Krone, heute meist DKK abgekürzt. 1 Krone = 100 Øre. Wechselkurs (Stand: Jan. 97): 1 DM = 3,98 DKK. Es gibt Banknoten zu 50, 100, 500 und 1000 DKK und Münzen zu 1, 2, 5, 10 und 20 Kronen, sowie zu 25 und 50 Øre (bar nicht zahlbare Ørebeträge werden gerundet, können aber im bargeldlosen Zahlungsverkehr eingesetzt werden). „Kleingeldkarten", vergleichbar den Telefonkarten, ergänzen das Kleingeld.

Bargeldtausch (Gebühren!) ist in Banken (Mo–Fr 9.30–16 Uhr, Do bis 18 Uhr) und in wenigen Wechselstuben (ca. bis 22 Uhr) möglich. Kreditkarten (insbesondere Visa und Eurocard) in DKK ausgestellte Eurocheques (max. 1500 DKK) und Reiseschecks können vielerorts verwendet werden. Geldautomaten mit deutschsprachigem Bedienungsmenue für ec- und einige Kreditkarten sind landesweit vorhanden (z. B. rote Automaten mit Aufschrift KONTANTEN).

Devisenbeschränkungen gibt es nicht.

Geschäftszeiten

Das dänische Ladenschlußgesetz ist liberal, die hier genannten Zeiten sind Richtwerte: Die Geschäfte öffnen um 9 Uhr und schließen Mo–Fr zwischen 17.30 und 20 Uhr (meist Fr am längsten); auf dem Lande wird häufig von 12-14 Uhr eine Mittagspause eingelegt, in den Städten selten. Samstags ist zwischen 12 und 14 Uhr Geschäftsschluß, am ersten Samstag des Monats kann man in Städten bis 16 oder 17 Uhr einkaufen. Bäckereien, Kioske mit umfangreichem Sortiment oder Läden in Fremdenverkehrsregionen haben oft bis in die Abend- und Nachtstunden sowie an Sonntagen geöffnet. Ein gutes Warenangebot führen die Minimärkte einiger Tankstellen sowie vieler Campingplätze und Ferienparks.

Haustiere

Hunde und Katzen können unter Nachweis einer gültigen Tollwutimpfung eingeführt werden (gelber Impfpaß), für die meisten anderen Tiere benötigt man eine Einfuhrerlaubnis des Veterinærdirektoratet, Rolighedsvej 25, DK-1958 Frederiksberg C.

Informationen

Dänisches Fremdenverkehrsamt, Postfach 10 13 29, 20008 Hamburg, ☎ 0 40/32 02 10, 📠 0 40/32 02 11 11; 24-Std.-Ansagedienst (Wetter/Verkehr): ☎ 0 40/32 02 12 10.

Lokale ❶-Büros, die sowohl über die eigene Region als auch über andere Landesteile informieren, gibt es in größeren Orten und allen Urlaubsgebieten. Als Postanschrift reicht: Turistbureau, Postleitzahl und Ort. In vielen Urlaubsregionen senden Lokalfunkstationen Touristenprogramme mit Veranstaltungshinweisen und Tips auch in Deutsch; Frequenzen und Sendezeiten bei den ❶-Büros.

Campingführer, regionale Fahrrad- oder Wanderführer aus Dänemark können über die Dänische Buchhandlung, Norderstr. 74, 24939 Flensburg ☎ 04 61/1 75 71; 📠 04 61/1 70 31 bezogen werden.

Mehrwertsteuererstattung

Die Erstattung der 25 % Mehrwertsteuer ist z. Zt. nur für Schweizer möglich. Läden mit dem Schildchen „Tax Free For Tourists/Europe Tax-free-Shopping" im Fenster bieten einen formlosen Erstattungsweg (Auszahlung bei der Ausreise). Über Details informieren die Geschäfte.

Notruf

Für alle Dienste: ☎ 112 (gebührenfrei).

Post

Das Porto für Postkarten und Standardbriefe in alle Länder Nord- und West-

Polyglott **93**

PRAKTISCHE HINWEISE VON A–Z

europas ist gleich (z. Zt. 4 DKK). Neben die Marke ist ein großes A zu malen oder der blaue Aufkleber „A-Prioritaire" zu kleben. Bei Abgabe der Post in einem Postamt kann die preiswertere und langsamere Beförderungsart „B-Economique" gewählt werden (lohnt bei schweren Briefen).

Souvenirs

Klassische Souvenirs sind u. a. Königlich Kopenhagener Porzellan, Glas von Holmegård und Schmuck oder Besteck der Silberschmiede Georg Jensen. Populärer, weil billiger, sind Urlaubsandenken aus dem Bereich des freien Kunsthandwerks, wie Keramik, Studioglas, verarbeiteter Bernstein oder Kerzen; viele Werkstätten liegen in den Urlaubsregionen. Dort haben auch zahlreiche Antiquitätenhändler ihre Ausstellungsräume; was sie anbieten, ist oft günstiger als in Mitteleuropa.

Nicht billig, aber beliebt sind Produkte des für seine geradlinige, klassische Eleganz bekannten dänischen Designs: Haushaltsgeräte, Möbel oder hochwertige HiFi- und TV-Geräte (vgl. „Mehrwertsteuerrückerstattung").

Telefon

Von allen Telefonen sind internationale Gespräche möglich. Öffentliche Münz- und Kartentelefone sind zahlreich, aber mit recht unterschiedlichen Geräten bestückt (Mindestgebühren für Auslandsgespräche je nach Region 2–5 DKK), deutschsprachige Bedienungsanweisungen sind in den meisten Telefonzellen vorhanden. Telefonkarten zu 20, 50 und 100 DKK gibt es in Geschäften der Telefongesellschaften, an vielen Kiosken und bei Postämtern.

Bei Gesprächen aus Dänemark wählt man 00 + Kennzahl des gewünschten Landes (Deutschland 49, Österreich 43, Schweiz 41) + Ortsnetzkennzahl ohne die Anfangs-0 + Teilnehmernummer.

Man kann sich in Telefonzellen auch anrufen lassen, die Nummer steht in der Regel auf der Bedienungsanleitung oder auf dem Gerät. Anrufe nach Dänemark 00 + 45 + achtziffrige Rufnummer. Innerhalb Dänemarks gibt es keine Vorwahlen.

Trinkgeld

Hotel- und Restaurantrechnungen umfassen Bedienungsgeld. Mit einem Trinkgeld erkennt man einen guten Service an, wobei man es in den gleichen Größenordnungen wie in Mitteleuropa bemessen kann. Ähnliches gilt im Taxi: Man muß nichts geben, kann aber.

Verkehrsregeln

Tempolimits: auf Autobahnen 110 km/h, auf sonstigen Straßen 80 km/h, innerhalb geschlossener Ortschaften 50 km/h, Lkw und Pkw mit Anhänger (z. B. Campingwagen, Boottrailer) maximal 70 km/h. Die Alkoholgrenze liegt bei 0,8 Promille. Fahrlicht ist ganztägig vorgeschrieben. An Autobahnauffahrten wird in der Regel im Reißverschlußverfahren aufgefahren. Eine Kette weißer Dreiecke auf der Fahrbahn vor Kreuzungen entspricht dem Verkehrszeichen „Vorfahrt gewähren".

Zoll

Urlauber dürfen Dinge für den persönlichen Gebrauch (Sport-, Camping-, Fotoausrüstung usw.) unbeschränkt einführen. Nur noch für wenige Waren, die in einem EU-Land gekauft wurden, bestehen Obergrenzen für eine abgabenfreie Einfuhr: 1,5 l Hochprozentiges mit über 22 Vol.-% Alkohol und 300 Zigaretten oder 75 Zigarren oder 400 g Tabak.

Enger sind die Grenzen für Waren aus Nicht-EU-Ländern oder einem Dutyfree-Verkauf: 1 l Hochprozentiges oder 2 l mit weniger als 22 Vol.-%, 2 l Wein 200 Zigaretten oder 50 Zigarren oder 250 g Tabak, 50 g Parfüm oder 250 ml Eau de toilette; 500 g Kaffee; 100 g Tee andere Waren bis zum Gesamtwert von 350 DKK (ca. 90 DM).

Register

Sachregister

Agersø 83
Als 60
Anholt 68
Assens 74

Blåvands Huk 63
Bogense 78
Bornholm 9, 90 f.
– Bornholmer Museum 90
– Hammeren 90
– Hammershus 90
– Helligdommen 90
– Kunstmuseum 16, 90
– Nykirke 90
– Nylarskirke 90
– Olskirke 90
– Rønne 14, 90
– Svaneke 90
– Østerlarskirke 90
Børglumkloster 51

Christiansfeld 58

Draved Skov 61
Dybbøl 60

Ebeltoft 68
Egeskov, Schloß 16, 72
Egtved 64
El- Museum 70
Ertholmene 91
Esbjerg 62
– Fischerei- und Seefahrts-
  museum 59, 62

Fanø 62 f.
Fjordvejen 60
Fredensborg, Schloß 16, 84
Fredericia 24, 64
Frederikshavn 53 f.
– Bangsbomuseum 54
– Ellingå-Schiff 54
Frøslevlejren 60
Fur 71
Fyrkat 14, 54
Faaborg 74

Gammel Estrup, Schloß 69
Gedser 79
Gilleleje 86

Glavendrup-Schiffssetzung
  78
Grenaa 68

Haderslev 58
Hanklit 70
Hanstholm 50
Helsingør 85
– Kronborg, Schloß 16, 86
Herning 66
Himmelbjerg 67
Hindsholm 78
Hirtshals 51
Hjerl Hede 70
Holmegaard-Glashütte 84
Holmsland Klit 49
Holstebro 18, 71
Hornbæk 86
Horne Kirke 74
Horns Rev 62
Horsens 56
Hundested 86
Højby 88
Højer 59

Jelling 14,64

Kalundborg 88
– Vor Frue Kirke 88
Karen-Blixen-Museum 84
Kerteminde 76
Knuthenborg Safari-Park
  79
Kolding 57
– Koldinghus, Schloß 16,
  57
– Museum Trapholt 57
Kopenhagen 11, 18, 26 ff.
– Amalienborg,Schloß 29
– Arbejdermuseum 32
– Bakken 35
– Brede 35
– Børsen 16, 28
– Carlsberg-Brauerei 27
– Charlottenborg, Schloß
  16, 29
– Charlottenlund 34
– Christiansborg, Schloß
  28
– Danmarks Akvarium 34
– Dyrehaven 34
– Frederiksborg 35
– Freistaat Christiania 28
– Gammel Strand 28, 33
– Gammel Torv 32
– Hafenpromenade 29
– Hillerød 35

– Hirschsprungsche
  Sammlung 32
– Klampenborg 34
– Kongens Lyngby 34
– Kongens Nytorv 29
– Kunstindustriemuseet 32
– Lille Havfrue 32
– Marmorkirche 32
– Nationalmuseet 27
– Ny Carlsberg Glyptotek
  27
– Nyhavn 29
– Orlogmuseet 28
– Rosenborg Slot 32
– Runde Tårn 32
– Slotsholm 27
– Sophienholm 35
– Sorgenfri, Freilicht-
  museum 35
– Statens Museum for
  Kunst 32
– Strøget 28
– Thorvaldsen Museum 28
– Tivoli 18, 26
– Vor Frelsers Kirke 28
– Zoo 27
Korsør 80
Kruså 58
Køge 80

Ladbyskib 78
Langeland 76
– Rudkøbing 76
– Tranekær 76
Ledreborg 82
LEGOLAND Park 64
Lejre Oldtidsbyen 82
Limfjord 50
Lindeskov Gräber 77
Louisiana 16, 84, 87
Læsø 56
Løgumkloster 61

Maribo 78 f.
Middelfart 72
Mols Bjerge 68
Mors 70
Møgeltønder 60
Møn 17, 88
– Jesperhus Blomsterpark
  70
– Møns Klint 88

Nakskov 89
Nyborg 16, 73
– Slot 73
Nykøbing Falster 80

Polyglott **95**

REGISTER

– Middelaldercenter 80
Nykøbing Sjælland 87
Nymindegab 49
Nysted 89
Næstved 83

Odense 18, 36 ff.
– Brandt's Klædefabrik 36
– Den Fynske Landsby 36
– H. C. Andersens Hus 36
– Jernbanemuseet 36
– Museumscenter Holluf-
gård 37
– Møntergården 36
– Rathaus 16, 36
– Skt. Knuds Kirke 36
Odsherred 87
Ordrupsgaardsammlingen
84

Randers 54
Rekordbrücke 73, 81
Ribe 18, 48
Ringkøbing 66
Ringsted 82
Rold Skov 54
Rosenholm, Schloß 68
Roskilde 18, 82
– Domkirke 82
– Wikingerschiffshalle 82
Rødbyhavn 78
Rømø 58
Råbjerg Mile 52

Samsø 55
– Nordby 55
Silkeborg 66
– Kunstmuseum 17, 66
Skagen 17, 52
– Skagen Museum 17, 52
Skanderborg 18
Skælskør 83
Sorø 81
Spøttrup, Burg 16, 70
Stege 89
Stevns Klint 84
Strandungsmuseum

St. George 50
Stubbekøbing 89
Svendborg 74
Sæby 54
Sønderborg 18, 60
Søndervig 49

Thyborøn 50
Tisvildeleje 86
Trelleborg 14, 81
Tønder 18, 48
Tørskind Grusgrav 17, 64
Tåsinge 76
– Valdemars Slot 76

Vejle 56
Vestervig 50
Viborg 70
Vordingborg 80

Ærø 75

Aabenraa 18, 58
Aalborg 40 ff., 54
– Jørgen Olufsens Gård 40
– Jens Bangs Stenhus
16, 40
– Lindholm Høje 42
– Nordjyllands Kunst-
museum 16, 41
– Søfart- og Marine-
museum 42
Århus 18,43 ff., 55
– Den Gamle By 44
– Domkirke 17, 44
– Forhistorisk Museum
Moesgård 18, 46
– Kunstmuseum Aarhus 44
– Rådhus 16, 43
– Universitetspark 44
– Vor Frue Kirke 44

Personenregister

Absalon 26, 82
Alto, Alvar 41

Andersen, Hans-
Christian 17, 18, 36, 38
August, Bille 18

Berg, Claus 17, 36, 44
Bering, Vitus 56
Blixen, Karen 18, 86

Christensen, Inger 18
Christian IV. 12, 32
Christian VII. 12, 39

Erik VII. 12, 26

Gorm der Alte 64

Høeg, Peter 18
Harald Blauzahn 64, 81

Jacobsen, Arne 16, 43
Jacobsen, Robert 17, 64
Jorn, Asger 17, 66

Kierkegaard, Søren 17, 26
Kirkeby, Per 17, 44
Knud der Große 14, 36

Margrete I. 12
Margrethe II. 10, 11, 14
Munk, Kaj 71

Nørgaard, Bjørn 17, 38, 56
Nexø, Martin Andersen 18
Nielsen, Carl 36
Notke, Bernt 17, 44

Pedersen, C.-H. 17, 66

Thorvaldsen, Bertel 17, 28
Turéll, Dan 18

Utzon, Jørn 16

Valdemar I., der Große 12,
80
Valdemar IV., Atterdag 12,
80

Bildnachweis

Alle Fotos APA Publications/Jeroen Snijders außer Archiv für Kunst und Geschichte: 19/1. Dänisches Fremdenverkehrsamt mit folgenden Fotografen: N. N.: 13/3; P. Eider: 27/4; I. Heinzelmann; 17/2; J. Johnson: 19/3; Lennart: 67/1, 71/1; J. Schujtte: 91/2; J. Sommer: 69, 71/2–3. H. Klüche: 19/2; Udo Haafke Umschlag; Bernd Ducke/Superbild Umschlag (Flagge).

Langenscheidt Mini-Dolmetscher

Allgemeines

Guten Morgen	God morgen [go‿**mohr**n]
Guten Tag	Goddag [go**däh**]
Guten Abend	God aften [go‿**af**dn]
Hallo!	Hej! [haj]
Wie geht's?	Hvordan går det? [wor**dän** gohr‿de]
Danke, gut.	Tak, meget godt. [tag, **maj**ə godd]
Ich heiße ...	Jeg hedder ... [jaj **heð**ər]
Auf Wiedersehen!	Farvel! [far**well**]
Morgen	morgen [mohrn]
Nachmittag	eftermiddag [**ef**dərmeddä]
Abend	aften [afdn]
Nacht	nat [nädd]
morgen	i morgen [i‿**mohr**n]
heute	i dag [i‿**däh**]
gestern	i går [i‿**gohr**]
Sprechen Sie Deutsch / Englisch?	Taler du tysk / engelsk? [**täh**lər du tüssg / **eng**elssg]
Wie bitte?	Hvad siger du? [wä ßi**h**ər du]
Ich verstehe nicht.	Det forstår jeg ikke. [de for**stohr** jaj eggə]
Würden Sie es bitte wiederholen?	Vil du godt gentage det? [will du **godd** genn**täh** de]
Bitte sehr!	Værsgo! [**wär**sgoh]
danke	tak [tag]
Keine Ursache.	det var så lidt [de wahr ßo **lidd**]
was / wer / welcher	hvad / hvem / hvilken [wä / wemm / **wilk**ən]
wo / wohin	hvor / hvorhen [wor / wor**henn**]
wie / wieviel	hvordan / hvor meget [wor**dän** / wor‿**maj**əð]
wann / wie lange	hvornår / hvor længe [wor**nohr** / wor **läng**ə]
Wie heißt das?	Hvad hedder det? [wä **heð**ər de]
Wo ist ...?	Hvor er ...? [wor er]
Können Sie mir helfen?	Kan du hjælpe mig? [kä‿du **jäl**be maj]
ja	ja [jä]
nein	nej [naj]
Entschuldigen Sie.	Undskyld. [on**ßgüll**]
Das macht nichts.	Det gør ikke noget. [de **gö**hr eggə **noh**·əð]

Sightseeing

Gibt es hier eine Touristeninformation?	Er der en turistinformation her? [er dər en tu**rist**enforma**sjohn** her]
Haben Sie einen Stadtplan / ein Hotelverzeichnis?	Har du et bykort / en hotelfortegnelse? [hahr du ed **büh**kord / en ho**tell**fortajnəlßə]
Wann öffnet ... / schließt ...?	Hvornår åbner / lukker ...? [wor**nohr ohb**nər / **logg**ər]
das Museum	museet [mu**ße**həd]
die Kirche	kirken [**kirg**ən]
das Schloß	slottet [**ßlodd**əd]
die Ausstellung	udstillingen [**uhöß**dellingən]

Shopping

Wo kann ich ... bekommen?	Hvor kan jeg få ...? [wor kä‿jaj **foh**]
Wieviel kostet das?	Hvor meget koster det? [wor **maj**ə **koß**dər de]
Das gefällt mir / nicht.	Det kan jeg godt / ikke lide. [de kä‿jaj **godd** / **egg**ə lih]
Haben Sie das in einer anderen Farbe / Größe?	Har du det i en anden farve / størrelse? [hahr du **de** i en **änn**ən **fahr**uə / **störr**əlßə]
Ich nehme es.	Jeg tar det. [jaj **tahr** de]
Wo ist eine Bank?	Hvor er der en bank? [wor er dər en **bank**]
Ich möchte Geld wechseln.	Jeg vil gerne veksle valuta. [jaj wil **gern**ə **weg**ßlə wä**ludd**ä]
Geben Sie mir 100 g Käse / zwei Kilo Tomaten.	Hundrede gram ost / to kilo tomater, tak. [**honr**əðə gramm oßd / tu kilo to**mäh**dər, tag]
Haben Sie deutsche Zeitungen?	Har du tyske aviser? [hahr du **tüss**gə a**wih**ßər]
Wo kann ich telefonieren / eine Telefonkarte kaufen?	Hvor kan jeg telefonere / købe et telefonkort? [wor kä‿jaj telə**foneh**rə **köh**bə ed telə**fohn**kord]

Notfälle

Ich brauche einen Arzt / Zahnarzt.	Jeg behøver en læge / tandlæge. [jaj bə**höh**uər en **läh**jə / **tänn**lähjə]
Rufen Sie bitte einen Krankenwagen / die Polizei.	Vær venlig at tilkalde en ambulance / politiet. [wär **wenn**li o **tell**kallə en ambu**lang**ßə / poli**tih**əd]

Es ist ein Unfall passiert.	Vi har været ude for et biluheld. [wi hahr **währeð** uhðə for ed **bihl·**uhell]
Wo ist das nächste Polizeirevier?	Hvor er den nærmeste politistation? [wor er den **nähr**mestə politih**sta**sjohn]
Ich bin bestohlen worden.	Jeg er blevet bestjålet. [jaj er **ble**huəð bestjohləð]
Mein Auto ist aufgebrochen worden.	Der har været inbrud på min bil. [der har **währ**əð enbruð po min **bihl**]

Essen und Trinken

Die Speisekarte, bitte.	Kan jeg se spisekortet, tak? [kä‿jaj‿ßeh spih**ß**əkorded, tag]
Brot	brød [bröhð]
Kaffee	kaffe [**kaff**ə]
Tee	te [teh]
mit Milch / Zucker	med sukker / mælk [me‿ßoggər / mälg]
Orangensaft	appelsinjuice [abbel**ß**ihndjuhs]
Mehr Kaffee, bitte.	Kan jeg få lidt mere kaffe, tak? [kä‿jaj **foh** lidt mehr **kaff**ə, tag]
Suppe	suppe [ßobbə]
Fisch	fisk [fessg]
Schalentiere	skaldyr [**skähl**dührr]
Fleisch	kød [köhð]
Geflügel	fjerkræ [**fjer**kräh]
Kartoffeln	kartofler [kar**tof**lər]
Gemüse	grønsager [**grönn**ßähər]
Salat	salat [ßä**lähd**]
vegetarische Gerichte	vegetariske retter [wegə**tah**resgə **redd**ər]
Eier	æg [ägg]
dän. Hotdog (mit Gurken u. Röstzwiebeln)	pølse (med agurker og ristede løg) [**pöl**ßə með ä**gur**gər o rest**ə**ðə loj]
Dessert	efterrett [**efd**əredd]
Obst	frugter [**frogd**ər]
Eis	is [ihs]
Weiß- / Rot- / Roséwein	hvid- / rød- / rosévin [**wið**- / **röö**- / ro**ße**hwihn]
Faßbier	fadøl [**fäð**öl]
Aquavit	akvavit [akwä**widd**]
dän. Magenbitter	gammeldansk [**gamm**əldänsk]
Wasser	vand [wänn]
Mineralwasser mit / ohne Kohlensäure	dansk vand [dänsk wänn] med / uden kulsyre [með / **uh**ðən koll**ßühr**]
Limonade	læskedrik [**läss**kədrikk]
Frühstück	morgenmad [**mohr**nmäð]
Mittagessen	frokost [**fro**koßd]
Abendessen	aftensmad [**äf**dnßmäð]

nur eine Kleinigkeit	kun en lille smule [kunn en **lill**ə ßmuhlə]
Ich möchte bezahlen.	Jeg vil gerne betale. [jaj will **gerne** be**täh**lə]
Es war sehr gut.	Det var meget godt. [de wahr **maj**ə godd]

Im Hotel

Ich suche ein gutes / nicht zu teures Hotel.	Jeg leder efter et godt / ikke altfor dyrt hotel. [jaj **le**ðər **efd**ər ed **godd** / eggə altfor **dührt** hotell]
Ich habe ein Zimmer reserviert.	Jeg har reserveret et værelse. [jaj har re**ß**ərwehrəð ed **währl**ßə]
Haben Sie ein Zimmer für ... Personen.	Har De et værelse for ... personer. [hahr di ed **währl**ßə for ... per**ßohn**ər]
Mit Dusche und Toilette.	Med brusebad og toilet. [með **bruh**ßəbähð o toa**led**]
Mit Balkon.	Med altan. [me äl**tähn**]
Mit Blick aufs Meer / auf den See.	Med udsigt over havet / over søen. [me uh**ð**ßigd ouer **häh**uəð / ouer ßöhn]
Wieviel kostet das Zimmer pro Nacht?	Hvor meget koster værelset per nat? [wor‿**maj**əð ko**ß**dər **währl**ßəd per nädd]
Mit Frühstück?	Med morgenmad? [me‿**mohr**nmäð]
Kann ich das Zimmer sehen?	Må jeg få værelset at se? [moh‿jaj **foh währl**ßəd o ße]
Haben Sie ein anderes Zimmer?	Har De noget andet værelse? [hahr di nouəð ännəð **währl**ßə]
Das Zimmer gefällt mir (nicht).	Dette værelse synes jeg (ikke) om. [deddə **währl**ßə **ßühns** jaj (eggə) om]
Kann ich mit dieser Kreditkarte bezahlen?	Kan jeg betale med dette kreditkort? [kä‿jaj be**täh**lə me **dedd**ə kreditkord]
Wo kann ich parken?	Hvor kan jeg parkere? [wor kä‿jaj par**kehr**ə]
Können Sie das Gepäck in mein Zimmer bringen?	Kunne du bringe min bagage op på mit værelse, tak? [**kunn**ə‿du brengə min bä**gäh**ßehə ob po mitt **währl**ßə, tag]
Haben Sie einen Platz für ein Zelt / einen Wohnwagen / ein Wohnmobil?	Har De plads for et telt / en campingvogn / en autocamper? [hahr di pläss for ed teld / en **kam**pingwoun / en **auto**kämpər]
Wir brauchen Strom / Wasser.	Vi behøver strøm / vand. [wih bə**höh**uər ßdrömm / wänn]